JN007420

テクノロジーとビジネスの未来に
先回りする新しい思考法

Quantum
Thinking

クオンタム
思考

元グーグル米国本社副社長・日本法人社長
村上憲郎

日経ＢＰ

はじめに

　私がこれからご紹介するのは、

● 正解があるかどうかもわからない課題に直面したときに、
　正解にたどり着く方法

　あるいは、

● 一見すると「成功」が続いているように見受けられる状
　況の中で、課題をいち早く発見する方法

　として、**「クオンタム思考」** と名付けた思考方法です。

　変化の荒波に負けず一歩を踏み出そうとしている方々、新
しい技術の登場をプラスに捉え、使いこなすことで自らを高
めていこうと考えている方々、起業やイノベーションを志し
ている方々に手に取っていただければと考えています。

　いつの頃からか言われ始めた「失われた10年」が、その
うち「20年」になり、ついに「30年」になってしまいました。
いわゆる「経済成長率」が、地を這うような「ゼロ成長」と
して30年も続いているということが、端的な数字的根拠と
いえるでしょう。

　そうなってしまった根本的な原因については、すでに多く
のことが語り尽くされていると思いますが、あえて1つだけ
言及するとすれば、次のような事態かと私は考えています。

日本は、150年前の明治維新以来、「欧米先進国に追いつけ追い越せ」とばかりに、「後進国日本」が抱えていた課題に取り組みました。その手っ取り早いやり方は、すでに欧米先進国がたどり着いていた「正解」を、なるべく多く早く取り入れることでした。

　このやり方は功を奏し、20世紀初頭には、欧米列強と「肩を並べる」ところまで近代化を進めることに「成功」しました。ただ、その「成功」も第2次世界大戦の敗北によって、75年前に再出発を余儀なくされてしまいました。

　その敗北からの復興でも、敗戦国日本がその課題に取り組むに際して、その手っ取り早いやり方として採用したのは、敵国だった連合国側の、なかでもアメリカがたどり着いていた民主的な諸制度や企業経営、技術開発方式を「正解」として、なるべく多く早く取り入れることでした。

　このやり方も再び功を奏し、1980年代には、「世界第2の経済大国」としてその繁栄の極に上り詰めたわけであります。

　それが、バブル崩壊に始まる金融危機以降、「失われた30年」と言われる停滞にはまり込み、それを脱却できなくなってしまいました。それはなぜかというと、日本はもはや、後進国でもなく、敗戦国でもなく、いわば「課題先進国」とな

ってしまったからです。

　誰かが解決済みの「正解」が、どこを探しても未だにない課題に、向き合わざるを得なくなっているにもかかわらず、そのような事態に有効に対処できないでいるからだとしか、私には思えません。

　私が本書で「クオンタム思考」を提案しようと決めたのは、こうした背景があるからなのです。

　「クオンタム（quantum）」とは、本文の中で詳しく説明しますが、「量子」と日本語では訳されているものです。

　最近ちょくちょく、現行の電子計算機の次のコンピュータとして登場が期待されている**量子コンピュータ**が新聞紙上にも取り上げられてきておりますが、その登場というタイミングということもあって、「クオンタム思考」をご紹介しようと思ったのです。

　現行の電子計算機は、0 と 1 という bit（binary digit: 2 進数の一桁）を使って計算がなされているということは、どこかでお聞きになったことがあると思います。量子コンピュータでは、q-bit（quantum bit）というものを使って計算がなされます。さて、このパラグラフになって、「bit（binary digit: 2 進数の一桁）」と聞いて、

「うん、聞いたことはあるけど、自分は文系なので、そこまでは知らなくてもいい」

と思った方は、いないでしょうか？　この本は、実は、そのように感じてしまいがちな文系の方々も視野に入れて書いた本でもあります。

前に私見を開陳させていただいた「失われた30年」の根本原因の1つにも、そのような日本の文系の方々の「理数アレルギー」があると思うからであります。また、**クオンタム思考の第一歩が、「理数アレルギー」の克服でもある**からです。

ただ、本文では、文系の方々の「理数アレルギー」を単に否定することはせずに、それに十分配慮した形で、**徐々に理数的な内容をご紹介していってあります**ので、あまり怖がらずに、勇気を持って読み進めてください。

（勿論、本書は理系の方々が読んだ場合にも、発見と納得、そして課題をちりばめる形で執筆しています。理系読者の皆さんの挑戦もお待ちしています。）

「徐々に」というのは、どういうやり方かというと、この本では、

「初回に読むときには、飛ばしてもいいですよ」

という箇所には、わかるように「印」を付けました。

難易度がやや高い箇所は
「読み飛ばしてOK」と
フキダシ形式で記載します

　つまり、「2回目に読むときに、頑張って読んでみてください」ということで、2回読んでいただければ、「徐々に」理系的な内容をより深く理解していただける編集になっているということです。

　勿論、1回目から飛ばさずにお読みいただいても、その理系的内容の登場も「徐々に」を心掛けております。

　理系的内容の説明においては、その途中、「どうしても、数式で説明したほうが明確になる」という場面では、簡単な数式も登場させています。その数式も、**中学の数学程度**の範囲にとどめてあります。文字式の取り扱いの決まり事といったことも、改めて解説を加えながら、数式を登場させていますので、どうか、理数アレルギーを克服するチャンスだとお考えください。

　本書では、理数系の学術用語を文中に多用することによって煙に巻き、意味不明どころか無内容な言説を、あたかも意

味深な内容を展開しているかの如き詐術を無意識のうちに行使してしまうことのないように心して、議論を進めていくつもりです。**本書が思考法をテーマとする書籍でありながら、数式をも紹介せざるを得ないと考えたのも、そのような詐術を絶対的に避けたかったから**です。

　必要最低限の、最少の理数的内容の理解があれば読み進められるよう、心掛けています。その目的を達成する意味においても、文系の皆さま、どうか、勇気を持って、この本を読み進める中で、理数アレルギーを克服してください。

　そして、本書を通して、正解があるかどうかもわからない課題を自分の頭で考える力、先の見えない時代に勇気を持って一歩踏み出す力を高めていっていただければと願っています。

村上憲郎

第 **2** 章 「日常感覚を超え出る感覚」の正体

第 **4** 章 21世期のビジネスと
テクノロジーの基礎
「量子コンピュータ」

量子コンピュータの原理：
「面白いところ」だけをたどってみよう

第 **5** 章

「クオンタム思考」で読み解く ビジネスとテクノロジーの 現在と未来

第 **1** 章

未来を正しく
見通す力
「Quantum思考」
（クオンタム）

グーグルで目の当たりにした
日常感覚の超越

　私はこれまでの経歴の中で、革新的なアイデアでもって時代を切り開いてきた若者たちを、何人も見てきました。

　そのアイデアは、まるで数十年先の時代へタイムワープして、未来社会を目の当たりにしてきたのではないかとしか思えない、現在の日常感覚の世界を飛び越えた思考に基づくものでした。

　本書では、そんな**日常感覚の世界を飛び越えたような比類なき思考**を「クオンタム思考」と呼ぶわけですが、まずはそれがどういう思考かを感じていただくために、いくつか「クオンタム思考」に基づいて行動していると思われる天才たちのエピソードをご紹介していきます。

エピソード1

「当たり前」から新しい価値を生むには？
「ポケモンGO」とジョン・ハンケ

　皆さんは、一世を風靡したスマホゲーム、**「ポケモンGO」**

をよくご存知のことと思います。

　さて世界中を魅了して絶大な人気を誇るこの「ポケモンGO」、実は**「グーグルなしにはつくり得なかった」**ともいえるのです。それは、グーグル・マップ（Google Map）というグーグルの地図アプリを使っているから……というだけではありません。

　まずはこのお話しから始めましょう。

　このゲームをつくったのは、ジョン・ハンケという人物の率いる会社、Niantic（ナイアンティック）です。彼はもともと、オンラインの地図サービスを主力とするベンチャー企業、キーホールのCEOでした。後の「グーグル・アース（Google Earth）」のもとになるGeometrical Information（地理的情報）のアプリ（その名称が「キーホール」でした）を開発した会社です。

　ジョンはとにかく、「地図」に熱中していました。
　「この世で一番楽しい地図をつくりたい」
　という、そんなジョンがつくる地図に可能性を感じたグーグルは、2004年、キーホールを買収することにしました。そうしてジョン・ハンケは、グーグルのGeoチーム（地図や位置情報を扱うチーム）を統括する副社長として、現在の

グーグルの代表的な地図サービス、「グーグル・アース」「グーグル・マップ」「グーグル・ストリートビュー（Google Street View)」を生み出すこととなります。

　ジョンは、従来の「地図」の概念の枠内にとどまらないアイデアで、グーグル内の地図チームの中心人物であり続けました。

　ジョンのアイデアの広がりを、具体的に見ていきましょう。
　まずジョンは、地球を宇宙から見下ろした画像、つまり衛星写真を活用して、世界中を隅から隅まで閲覧できる「グーグル・アース」を開発しました。これは**視点を宇宙に引き上げる**もので、リリース当時、多くのユーザーの度肝を抜き、魅了しました。グーグルが提供してきたサービスのうち、今もなお、検索に次ぐ大きなインパクトとトラフィックを与えているのが、このグーグル・アースといえるでしょう。
　全世界の TV 放送で、話題としている地域や地点の上空からの様子を提示することができるのは、このサービスを活用しているからです。

　ジョンの快進撃は止まらず、さらに「グーグル・ムーン」（月面を衛星写真で見渡せるサービス）や「グーグル・マーズ」（その火星版）といったサービスもリリースし、なんと**「地球外」**

にまで視野を広げていきます。

「地球という、この惑星だけにとらわれず、宇宙のあらゆる地理的情報を提示してみせるぞ」

ジョンが次々と展開していく新事業は、彼のそんな大きな夢を感じさせてくれます。

さらにジョンは、「地図＝見るためのもの・目的地に行くためのツール」という、従来の地図の概念以上に、その可能性を広げていきます。

「グーグル・アース」の成功の後、社内スタートアップとしてジョンが設立したのが、「ナイアンティック・ラボ」です。地図とゲームを融合させ、位置情報に紐づけられたスマホゲームの開発に着手し、「イングレス」、そしてそのアップグレード版として「ポケモンGO」を生み出しました。

「ポケモンGO」がリリースされるまでに、ナイアンティックはグーグルから独立したため、一見、グーグルとのつながりを感じられないかもしれませんが、**「ポケモンGO」もグーグルの社内スタートアップから生まれたものなのです。**

ところで、この「イングレス」と「ポケモンGO」ですが、従来のスマホゲームとは一線を画す要素があることにお気づきでしょうか。それは「AR」技術の活用です。

ARとは「Augmented Reality」の略で、一般的には「拡張現実」と訳されています。実在する現実の風景に、他の「情報」を重ねることで、「現実世界を情報的に拡張する」技術です。

「ポケモンGO」のリリース当時、このAR技術は、娯楽としての期待値の明白なVR（Vertual Realty、仮想現実）技術に比べて市場的には軽視されている傾向が大きく、期待はさほどありませんでした。

しかしジョンらナイアンティック・ラボは、ARの新しい楽しみ方・可能性を追求し、「ポケモンGO」というゲームによって、世界中の人々に、そのことを知らしめたのです。

「地図」という、昔からあった当たり前のものを、宇宙に、さらに現実世界そのものを拡張し、新しい価値を生み出した、ジョンの発想の源は、いったい何なのでしょうか。

それを私は、日常感覚を超える「クオンタム思考」と呼んでいるのです。

まるで「未来を見通している」!?
ラリー・ペイジとサーゲイ・ブリンの野望

「僕たちがやろうとしているのは、画面の前に座った瞬間に、その人の知りたいことがパッと画面に出てくる世界をつくることなんだ」

　2003年、まだ日本ではあまり知られていないグーグルという会社に私が入社した直後のことです。今、私が「クオンタム思考」と呼ぶ、驚くべき思考法の典型を見ることとなりました。それを象徴するのが、グーグルを創業したラリー・ペイジとサーゲイ・ブリンに初めて会ったときに言われた、この言葉です。

　彼らと初めて会ったのは、私がグーグルに入社した直後の、初回の本社出張時だったと記憶しています。
　「ノリオに会ってみたい」
　というふたりからの要望に応えるため、彼らのオフィスを訪ねました。
　彼らはふたりで1つのオフィスをシェアしていました。3人入るとほぼ満員の、さほど広くはない室内が印象的でした。

当時 CEO だったエリック・シュミットもそうでしたが、彼らはオフィスの広さに、まったくこだわりを持たなかったようです。

　私が入室するなり、ラリーとサーゲイは、
「ノリオ、その、PC の前に座ってみて」
　と促しました。私は言われるがまま、ラリーの席だったかサーゲイの席だったか忘れましたが、PC の前に腰を下ろしました。そうして言われたのが、冒頭の言葉だったのです。

　「今、ノリオはそこに座ったね。僕たちがやろうとしていることは、そこに座った瞬間に、ノリオの知りたいことが画面にパッと出せる世界をつくることなんだ」

　この言葉と、その背後のビジョンは、それから 18 年を過ぎた **2021 年の今でこそ、何でもないことのように思える**かもしれません。
　しかし、当時、インターネット上の情報にたどり着くサービスとして全盛期だったのはヤフー（Yahoo!）で、トップページの「目次」から次々と細分されていく項目を、次々とクリックして、ようやくインターネット上の情報にたどり着ける時代でした。

そんな当時から、創業者のふたりはすでに、キーボードを叩かずとも、言葉を一言も発さずとも、知りたいことが瞬時に表示される、情報検索の究極の実現を目指していたのです。当時においては、常人では思いつかないような未来の物語を、当然実現するものとして、彼らはたいへん愉快そうに語っていました。

　私は、このような**日常感覚を超えた発想やアイデアに導く思考**を「クオンタム思考」と呼んでいるのです。

　今の私たちが、ラリーとサーゲイの言葉を夢物語に感じないとしたら、それは**彼らの描いていた当時の未来の物語が、着実に実現へ向けて動き続けている**ことを日々、感じているということでしょう。

　当時の世間の認識では、

　「そんなの SF の中だけの話でしょ」

　とあしらわれたに違いないことが、現在は、

　「そう遠くない未来に実現できそうだよね」

　に変わってきていることは、疑いありません。

　私たちの日常感覚が、当時の彼らふたりの日常感覚を超えた感覚に、やっと追いついてきたといえると思います。イスに座った瞬間、キーボードを叩かず、一言も発せずに考えて

いることを検出し、求める情報が得られる究極のサービスの
実現は、そう遠い未来の話ではないはずです。

エピソード3

問題の本質を瞬時につかむ力──ユーチューブの
生みの親　チャド・ハリーとスティーブ・チェン

　次は、日本の団体も関わってくる、少し長いエピソードです。2006年にグーグルが、動画投稿サイトの「ユーチューブ（YouTube）」を買収したことに端を発します。

　買収当時、日本版ユーチューブは大きな問題を抱えていました。**当時の日本のユーチューブは、TV番組の違法なアップロードだらけだった**のです。
　今でこそ各テレビ局は「見逃し配信（キャッチアップサービス）」という独自の放送サービスを行ない、あとから番組を視聴することができるような工夫が施されています。しかし、当時の日本にはそのようなサービスはまだ存在していませんでした。
　そこで、番組を録画した第三者が、ユーチューブにその録画コンテンツを違法にアップロードしているケースが山ほどあったのです。これは明らかな著作権法違反でした。

各テレビ局は対応に追われ、ユーチューブにアップロードされている、自局が著作権を持つ違法動画を見つけては削除申請をユーチューブに提出するという、地道な作業に多数の人員を割いていました。

　この事態に業を煮やしていたのが、日本音楽著作権協会「JASRAC」です。違法なアップロード動画の多くには、JASRAC が管理している楽曲が収録されていました。このような状況では楽曲に権利を保有している作詞家・作曲家・歌手・演奏家といった人たちに十分な報酬を支払うことができず、泣き寝入りの状態だったのです。

　そんな中、グーグルがユーチューブを買収したため、
　「どうにかならないか」
　と、当時、グーグル日本法人社長であった私のところへ改善要請が出される運びとなりました。

　さっそく私はユーチューブ本社のある、カリフォルニア州サンマテオへすっ飛んでいき、創設者のチャド・ハリーとスティーブ・チェンに会いました。
　「とにかく日本のユーチューブが大変なんだ」
　私が訴えるや否や、
　「ノリオ、わかっているよ」

と、ふたりして沈痛な表情を浮かべました。

　「僕らの意図しなかった形で、日本版ユーチューブでは違法のアップロードが盛んに行なわれている。ノリオ、日本にはキャッチアップサービスがないんだろ」

　キャッチアップサービスとはつまり見逃し番組の再放送サービスのことで、アメリカではすでに当然のように行なわれていました。つまり、**日本で起きている TV 番組の違法アップロード問題は、アメリカでは起こり得るケースではなく、ユーチューブ側にとっても想定外のトラブルだった**のです。

　ふたりがつくろうとしていた「ファミリービデオのシェアサービス」とはほど遠い日本の現状は、ふたりにとっても不本意でした。彼らはすぐさま腰を上げ、日本へと赴いてくれました。

　グーグルがユーチューブを買収した数カ月後のことで、奇しくも、チャドとスティーブにとって、グーグル傘下での初の海外出張が日本であったと、記憶しています。

　普段、仕事でスーツなんか着たことのなかったふたりはその調達から始め、それを着て私とともに JASRAC を訪ねました。

　そこではさまざまな議論が交わされたのですが、焦点とな

ったのは次のような事案でした。

「アメリカの法律において、事業者側の権限としては、そのアップロードが著作権に違反しているという確証なしに削除を行なうと、逆にアップロードした人の著作権を侵害することになってしまう。そのため、違法アップロードが疑われたコンテンツといえども、確証がない限り、その削除は簡単にはできない」

JASRAC や TV 局としては、一刻も早く、現在の人海戦術のような違法アップロードのチェック体制を何とかしたかったのですが、法律上はなかなか難しい問題だったのです。

しかしここで、技術者であるスティーブが、

「私たちに 1 年、時間をください」

と思わぬ提案をしました。

「オリジナルの放送データをこちらへ渡してもらい、それをもとにアップロードされたデータをチェックし、1 秒といえども同じ画面や同じ音楽がアップロードされているのを確認できた場合には、自動的に違法と判断し、こちらで自主的に削除する。そんなアプリを開発します。

オリジナルのデータさえあれば、アップロードされたものが違法であると証明できます。違法であることが証明され次

第、即座に自動的に削除できる仕組みができれば、日本での
ユーチューブの違法アップロード問題は速やかに解決するこ
とができます」

　とはいえ、言うは易しで、そんな仕組みというものが、1
年で開発できるのか。それが完成したとして、本当に違法ア
ップロードはなくなるのか。そもそも、日本側の要求に、そ
んなに真摯になって動いてくれるのか。スティーブの提案に
対して、JASRACやTV局陣営は半信半疑の様子で、「うーん」
と首を傾げる曖昧な反応をしていました。
　しかし一方で、ふたりのユーチューブ創設者の真摯な態度
と、前向きに問題を解決していこうとする姿勢に、怒りの矛
を収めている様子もうかがえました。

　日本側のリアクションから察するに、当初、「ユーチュー
ブのトップ」という、当時飛ぶ鳥を落とす勢いだったIT界
のパイオニアがやって来ることに、相当な警戒心を持ってい
たようです。
　「違法アップロードなんて知ったこっちゃない」という態
度の、誰とはいいませんが当時イケイケだった日本のIT社
長のような人間が来るに違いないと想像していたのではない
かと察せられます。

しかし実際にやって来たのは、ネクタイも上手に結べない
のに、わざわざ着慣れてないことが一目でわかる背広を着て
礼儀を尽くそうとする、純朴な青年ふたりでした。彼らの心
底恐縮している姿や、何とかしなければならないという責任
感、何とかしようという心意気に、感化されたようにも思え
ました。

　「ここは彼らに委ねてみよう」という気持ちになったので
しょう。日本側はスティーブの提案を受け入れ、その日のミー
ティングは終わりました。

　その後、技術担当だったスティーブはすぐに違法アップロ
ードをスキャンするプログラミングの製作に取り組みました。
「1年、時間をください」と宣言しましたが、なんと彼のチ
ームは、半年もかからずに、アプリを開発したと記憶してい
ます。

　さて、これでこのエピソードは単に、めでたし、めでたし、
というだけではありません。このユーチューブの違法アップ
ロード問題に関して、興味深いのはここからです。

　このアプリ実装後、違法にアップロードされた動画はユー
チューブから自動的に削除されるようになり、日本のユーチ

ューブが抱えていた問題は見事に終息を迎えました。

　その後、JASRAC の方にお会いしたとき、喜びと感謝の声をいただくことになりました。加えて、

「ユーチューブがつくったアプリのおかげで、印税の分配の正確性が増した」

とも話されたのです。

　というのも、JASRAC は、楽曲に権利を保有している作詞家・作曲家・歌手・演奏家といった人たちに報酬を分配するのが仕事ですが、その分配の割合というのは、正確な根拠をとることができず、いわば"どんぶり勘定"にならざるを得ませんでした。しかしスティーブらが開発した今回のアプリによって、統計が完璧に近い形でとれるようになり、クリエイターへ過不足なく報酬を支払うことができるようになったというのです。

　スティーブたちの開発したアプリは、**ユーチューブの違法アップロード問題だけでなく、日本が抱えていた楽曲に権利を保有している作詞家・作曲家・歌手・演奏家といった人たちの報酬問題さえ、解決に導いてしまった**ことになります。

　おそらく、彼らはこのアプリを開発している間には、このような副次的でより大きな効果を出そうとは考えていなかっ

たはずです。なぜならこの問題点は、彼らふたりに共有されることもなかったのですから。

　しかし、新しいアプリのお陰で印税の分配が正確になった、という結果を知らされても、彼らは驚くことはなかったでしょう。それは、彼らにとってはこれらの副次的な効果さえ、思考の範囲内だといえるからです。

　なぜ、彼らが生み出したアプリは、誰もが解決不可能と思っていた問題点を、相談されることもなく解決し得たのでしょうか。

　私は、これも、ふたりに備わっていた、日常感覚を超えた発想やアイデアに導く思考、「クオンタム思考」のせいだと思っております。

3つのエピソードの共通点と
天才たちの思考法

　ここまで、立て続けにグーグルで出会った天才たちの、ほんの数例を紹介してきました。

　この3つのエピソード——地図とARの既定概念を覆し新たな価値を創造したジョン、インターネットの可能性をいち早く見出し夢の未来に向かって突き進むラリーとサーゲイ、ユーチューブが直面した問題点をいち早く解決しさらに期待以上の問題解決力を発揮したチャドとスティーブ——は、一見、それぞれまったく別のストーリーに思えるかもしれません。

　しかし、客観的に捉えると、いくつかの共通点を見ることができます。ざっくりまとめてみます。

- これまで誰もが思いつかなかった、**世の中を一新してしまうほどの価値**を追求している
- それぞれの**好きなもの**、自分の**得意なもの**を追求している
- 「座った瞬間に知りたいことを画面に表示できる」「宇宙規模の地図をつくる」など、**描くビジョンのスケールが**

とにかく大きい（SFっぽい）

- 地図がグーグル・マップになり、ARと組み合わさってゲームになったように、**「何か1つを生み出して終わり」ではなく、そこからまた新たな可能性へとつなげている**
- 結果、その成果は**世界を変えるほど大きなムーブメント**になっている

　といった具合でしょうか。このように列挙すると、何だかとんでもないことを、彼らは意図的にではなく**自然体で行なっている**のが感じられると思います。

　理想の理想をいえば、読者の皆さんも彼ら天才たちの思考法を習得し、彼らのように時代を切り開いてムーブメントを起こしていくことが、「先の見えない時代」と言われるこの時代をたくましく生きていくためには必要なことかもしれません。
　しかし、天才でもない我々が、彼らとまったく同じ思考をたどろうというのはそもそもナンセンスかもしれない、というのは、皆さんもお気づきなのではないでしょうか。
　なぜなら、彼ら自身もまた、それらの発想がどのように生まれ、どうして世の中を塗り変えるようなアイデアにつながったのかを、言語で説明することができていないのが現実だ

からです。

　また、読者の皆さんが目指すのは彼らの後追いをすることではなく、**それぞれが今携わっている業務、今興味を持っている分野で新しい価値を創造し、結果を出していくこと**かと思います。

　そこで本書では、かれこれ20年近く天才たちとつきあって信頼を得、その思考を間近に見て、自分なりに「未来がどのように変化していくのか」を読んできた私、村上の視点から、読者の皆さんに、先の「5つの共通点」を自分自身に引き寄せるために、以下のようなことを実現する方法をお届けしたいと思います。

- 天才ではない私たちが、**天才たちの飛び抜けた発想力に少しでも近づいていく**
- 天才たちの発想を理解し、**問題解決や新価値創出の糸口をつかめる**ようになる
- 天才たちの、**まるで未来を覗いてきたかのような想像力構築の過程を探り、時代の最先端に立てる**人材となる

　そして本書では、その基礎となる思考法を、「クオンタム思考」と呼びたいと思います。

この「クオンタム思考」の名前の由来は追々、説明していきますが、この思考法を身につけた暁には、一般的な普通の人間たる私たちが、天才たちのムーブメントにうまく乗り、その中で活躍していくことが可能となるでしょう。

　正直なところを申し上げると、かく言う私自身が、この「クオンタム思考」を、完全に身につけているとは思っておりません。天才たちの発想の拠って来るところを、完全には理解できていないからです。

　しかし、私は 2003 年、米グーグル副社長兼日本法人社長に就任したときに当時グーグルの CEO であったエリック・シュミットから、彼らを**「アダルトスーパービジョン（Adult Supervision）」という視点**で見るように言われ、それを実行してきました。

　アダルトスーパービジョンとは、エリック自身が、米国本社でやっていたことで、端的にいえば「大人による見守り」です。

　つまり、基本的には若いスタッフたちに自由にやってもらう放任主義。彼らを信頼し、彼ら自身の感性に従って取り組むのを「見守ること」が、その主な任務でした。

　ただし、彼らが前のめりになりすぎて、先達の技術者やビジネスパーソンたちが犯したのと同じ種類の間違いを繰り返

しそうになったときだけ、口なり手なりを挟む、といった具合です。

　グーグルが若い力でぐんぐんと成長していった頃に、こういった立場で天才たちを間近に見ていたからこそ、皆さんに提案できることがあるのではないか、そんなふうに考えている次第です。

　天才ではない私たちが、その思考に少しでも近づいたり、彼らの発想を理解して問題解決力やクリエイティブな才能を育んだり、時代の最先端をいくための思考法が、クオンタム思考です。

　何やら怪しく感じられるかもしれませんが、クオンタム思考は、完全を目指さなければ、誰でも獲得することができるものであると、ここでは申し添えておきます。

　本書を通してクオンタム思考の一端に触れて、その一部でも身につけていただき、次にやってくる新しい時代でも最前線で活躍できる人材となってください。

日常性を超えた「先」に
待ち受ける世界

　クオンタム思考が習得できたとして、その先には一体どのような状態が待ち受けているのでしょうか。

　本章の最後に、こんな話をしておきましょう。

先の見えない時代で「まさか」を乗り越えられる

　詳しくはこれからお話ししていきますが、**この世界では実は、日常感覚的には起こり得ない「まさか」というようなことが、当たり前のように起こっています。**

　クオンタム思考を習得すること、具体的には、本書で提案する「フレーム・オブ・リファレンス」の手法で世の中の全体像を自分なりに捉えておくことで、この**「まさか」を受け止められるようになります。**

　すなわち、「まさか」が現実となって周りが慌てふためいている中でも、クオンタム思考を持つ人は大きなショックを受けることなく、現実を的確に捉えることができるわけです。

「まさか」という事態を柔軟に受け止められるということは、すなわち、**今後社会がどのように変化しても、その変化に取り残されることなく自分を変えていくことができる、という能力**につながります。

　本稿を著している 2021 年は、新型コロナウイルス感染拡大への恐怖が世界中に拡散し、新型コロナウイルスとともに生きていくための新しいライフスタイルや価値観が提案されていっています。ウィズコロナにおけるニューノーマルのあり方、たとえばリモートワークの推進やオンラインサービスの拡充が、「まさか」なことが当たり前になる時代へ進むための速度を、格段に上げさせたことも疑いのないことでしょう。

　さまざまな仕事やサービスのオンライン化が充実するほど、これまで必要とされていたモノや現象たちが、その役目を終えることを余儀なくされるのです。

　たとえば 50 年後、日本から通勤ラッシュという概念が完全に忘れ去られていても、不思議な話ではありません。

　当たり前のように、多くの人がこれまで無意識の中で営んできた、資本主義社会の根本が崩れ、新しい時代が産声をあげようとしています。

「まさかオフィスへわざわざ赴かず、自宅で仕事ができるようになるなんて」

という以上の「まさか」も、今後、次々と到来するかもしれません。

そのような「まさか」がひっきりなしに訪れる時代においても何ら臆することなく、最前線で活躍できる人材となる。それが、クオンタム思考が私たちにもたらす最大の恩恵のひとつなのです。

究極の判断の場面で、「第三の選択肢」を見出せる

また、量子力学の世界をさわりだけでも理解すること、そしてクオンタム思考を身につけるということは、**これまで自分や社会を縛っていた常識から解放される**ということでもあります。

これは、従来「イエスかノーか」という決断を強いられてきた場面で「イエスでありノーでもあることが許される」という新たな道が開けることに他なりません。

あるいは、先ほどご紹介したユーチューブの生みの親、チャド・ハリーとスティーブ・チェンが成し遂げたエピソード

は好例です。

ともすれば「著作権を侵害しても動画サービスを続ける
vs　動画サービスを停止して著作権を守る」という二択に陥
る状況で、「動画サービスを継続して著作権も守る」という
第三の選択肢を考え出すことができるということになります。

「表現の自由」と「著作権の保護」の兼ね合いは、現在で
も社会課題として、しばしば議論されているテーマです。

**解決困難と思われてきた課題に第三の道を提案できる、そ
れどころか無数の道を見つけ出すことすら可能にしてしまう、**
それがクオンタム思考のなせる技なのです。まさしく今の時
代に求められているものといえるでしょう。

「まるで未来を見てきたかのように」
成功を引き寄せられる

さらに、クオンタム思考を深めていくと、**他人からは「ま
るで未来を予測したかのように」見られる体験をも得ること
ができます。**

たとえば私自身は、2003年当時、世間にほとんど認知さ

れず「ぐるぐる」だの「ゴーグル」だのと呼ばれていたグーグルに入社したことについて、今でもときどき、

「どうしてあの時期に、まだあまり知られていなかった"グーグル"という会社に勤めようと思ったんですか?」

などと聞かれることがあります。

あるいは数年前の日本経済新聞で「村上憲郎のグローバル羅針盤」というコーナーを持ち、いち早く「IoT(Internet of Things =物のインターネット)」「スマートシティ」などに言及した記事を書いていたのですが、

「10年経った今読んでも、たしかにその通りになったと思えることが書かれているのですが、どうやって予測したのですか?」

など、お尋ねいただくこともあるくらいです。この連載は、手前味噌で恐縮ですが、業界の方々からも「いいことを書くじゃないか」とウケがよく、当時の私のアドバイスを読んで「なるほど、こういう未来が来るのか」と素直に備えていた方がいたとするならば、それなりにお役に立てたのではないかと自負しております。

要するに、クオンタム思考を活用している方々は、**まるで「未来を見通す神通力を持っている」と周囲から見られるような、時代の先取りをすることができる**わけです。

その際に大切なのは、**「発想に限界を設けない」**ことです。何か考え事をするとき、私たちは無意識に線を引いて、「この線から外には出られないよね」と思いがちです。

　たとえばあなたは、「1つの物体が、一度に2つの場所に同時に存在することはできない」と思っていることでしょう。勿論、日常感覚的に考えて一度に2カ所に存在することはできませんし、「一度に2カ所に存在することができる！」などと大々的に発信していようものなら、周りから距離を置かれてしまうことでしょう。

　しかし、後ほどご紹介するように、量子は、「一度に2カ所に存在することができる！」のです。

　私たちは、**日常感覚的な思考にとらわれて、「一度に2カ所に存在できるとしたら、どういった世界が広がるだろうか」という、日常感覚外にまでも想像を広げていく発想力まで失ってはいないでしょうか。**

　量子の世界がより解明されていくごとに、「一度に2カ所に存在することは可能である」は、ほんの最初の取っ掛かりくらいで、もっと摩訶不思議な結論が導き出されていくかもしれません。

量子力学が描写している量子の世界は、そんな「まさか」の世界なのです。**あなたが日常感覚の外へ飛び出て、時代の最先端で戦い抜いていけるかどうか。**

そのカギが現時点におけるクオンタム思考の育成にあるということを、ここでは強調しておきましょう。

ムーブメントに先乗りできる

私は、グーグルという集団を、単なる会社ではなく、「ムーブメント」に近いものであると捉えていました。

私が**「グーグルはムーブメントである」**と感じたのは、「クリンゴン語」の事実を知ったときが始まりでした。「クリンゴン語」は映画『スタートレック』に登場する異星人が話す、架空の、しかしながら完成度の高い言語のことなのですが、当時、インターネットでちょっとした話題になっていたので、知っている方もいるかもしれません。

私が入社した当時のグーグルは、検索サービスもまだ発展途上で、その頃はまだ対応言語が 10 カ国語程度であったと記憶しています（2020 年 2 月時点でルワンダ語、オリヤー語、

タタール語、トルクメン語、ウイグル語が増え、全108言語に対応）。対応言語の拡充という大切な時期です。

そんな最中、グーグルが追加した言語検索が、前述の「クリンゴン語」でした。グーグルは、クリンゴン語学会という、クリンゴン語を熱心に研究するコミュニティの協力を得て、クリンゴン語検索サービスを実装させました。

クリンゴン語の実装は、グーグルの一種のジョークであるのですが、このジョークはつまり、**「グーグル検索は、地球の言語だけでなく、宇宙の言語もサポートしていきますよ」**という強烈な意思表明です。まさしく「この惑星にとどまらないぞ」というムーブメントを感じました。

クオンタム思考をより有意義なものとして、これからの時代を切り開いていく力として活かすには、**従来の「会社」や「働く」といった概念とは一度自分を切り離し、新たなムーブメントに乗る**必要があるでしょう。

コロナ禍で世界的に発生した「ニューノーマル」という考えも、ある種のムーブメントであることは間違いありません。

類稀な発想力は勿論のこと、これまでにない新しいものを生み出したり、次代の自身のキャリアを切り開いていくことにも、クオンタム思考は役立っていくはずです。

第 **2** 章

「日常感覚を
超え出る感覚」
の正体

新時代のキーワード
「クオンタム」が意味するもの

　前章で本書の目的を理解いただいた方の中には、

　「どうしてその思考法の名前が、クオンタム（量子）なのか？」

　と疑問に思われる方もいるかもしれません。ここでは「クオンタム思考」の命名の由来を、説明しておきましょう。

ここから54ページまでは、
初回は読み飛ばしてOKです

　量子は、「りょうし」と読みます。女性の名前で「りょうこ」さんという方がおられますが、そちらではありません。とりあえずは、小さな粒子の一般名称だと思ってください。

　どれだけ小さいかというと、皆さんは、「物質は、分子（molecule）からできている」と習ったと思います。「分子」という場合は、物質の性質を失わない程度の小ささで考えています。

水の分子が、H_2Oという分子式で表されるということもご存知ですよね。つまり、「水素原子（H）２つ」と「酸素原子（O）１つ」がくっついてできているというわけです。

水分子

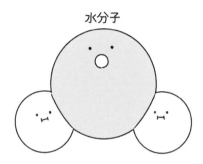

　「物質の性質を失わない程度の小ささ」ということは、H_2Oは、「０度以下だと氷（固体）になり、100度以上だと水蒸気（気体）になる」という「性質」を失わない小ささなのです。

　ちなみに、水素分子はH_2という分子式で表され、「水素原子（H）が２つ」くっついてできているというわけです。酸素分子もO_2と表され、「酸素原子（O）が２つ」くっついてできているというわけです。

　そして「原子（atom）」は、「中心にある原子核というものの周りを電子（electoron）が回っている」と教わったと思います。

水素原子は、原子核の周りを電子が1個回っています。酸素原子は、原子核の周りを8個の電子が回っています。

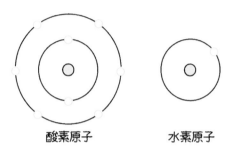

酸素原子　　　　　水素原子

　原子核は、「陽子（proton）」と「中性子（neutoron）」というものからできあがっています。

　水素の原子核は、陽子1個だけでできています。酸素の原子核は、陽子8個と中性子8個からできています。

　「電子」は、マイナスの電気を帯びていて、「陽子」は、プラスの電気を帯びています。電子と陽子は、マイナスとプラス、逆の電気を帯びていますが、その電気の量（「電荷」といいます）は、同じです。

　つまり、水素原子は、電子1個のマイナスの電荷と原子核の陽子1個のプラスの電荷が釣り合って、原子全体としては、電気的に中性です。

酸素原子も、電子８個のマイナス電荷と、原子核の陽子８個のプラス電荷とが釣り合って、原子全体としては中性（neutral）です。

　中性子（neutron）は、その名の通り、プラスの電荷もマイナスの電荷も持たず、中性（neutral）です。

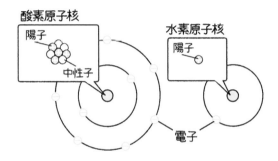

　以上の話に登場した、電子、陽子、中性子、といったものが、「量子」と呼ばれる小ささを持った粒子なのです。
　「じゃあ、今まで通り『粒子』と呼べばいいじゃないの。なぜ、わざわざ、『量子』と呼ぶの？」
　と疑問に思われると思います。
　実は、電子、陽子、中性子は、粒子としての性質と「波」としか言いようにない性質とを合わせ持った小ささなのです。

「粒子であって波でもある」

何だそりゃ !?!? ですよね。

その「何だそりゃ !?!?」こそが、日常感覚を超え出るという感覚なのです。

「クオンタム」の存在を「体験」しよう

初回は思いきって
読み飛ばしてOKです

　よく知られた「2つのスリット実験」と呼ばれる実験で、「粒子でもあり波でもある」ということを疑似体験してみたいと思います。

　現在の技術を使えば、電子を1個ずつ空中に発射することができます。その発射機（電子銃）の前の壁に、電子が到着すると到着した点が記録される広いフィルムを貼っておきます。発射機とフィルムとの間に、縦に2つスリットが並行して、ある間隔で空けられているスクリーンを置いておきます（52ページのイラスト参照）。

まず、２つスリットのうち、どちらかを覆う、つまり閉じた状態で、電子を１個ずつ、数百発、発射してみます。壁に貼ってあったフィルムの、開いたままになっていたスリットの前のあたりに、縦に電子の到着点が、１本の帯のようになって記録されたことが観測できます。

　次に、もう１つのスリットの覆いを取って、つまり、２つのスリットが両方とも開いた状態で、電子を１個ずつ、数百発、発射してみます。どういう結果が、フィルムに記録されるか予想できますか？
　「そりゃ、さっきの結果から見て、それぞれのスリットの前のあたりに２本の帯のような記録が残ってるんだろうな」
　と思いますよね。

　ところが違うんです。フィルムの上には、何本もの縞模様になった帯が記録されることになるのです。何だこりゃ !?!?ですよね。その「何だこりゃ !?!?」こそが、日常感覚を超え出るという感覚なのです。
　この縞模様は、「干渉縞」と呼ばれます。

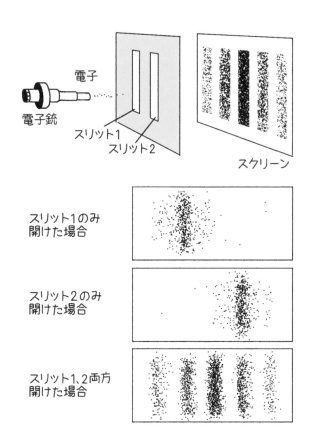

電子

電子銃

スリット1

スリット2

スクリーン

スリット1のみ
開けた場合

スリット2のみ
開けた場合

スリット1、2両方
開けた場合

1個の電子が2つのスリットを「同時に」通り抜けている!?

次に、電子発射機の代わりに写真機のフラッシュを、壁に貼った電子受像フィルムを普通の写真フィルムに替えて、間に置いた2つのスリットの開いたスクリーンはそのままにして、フラッシュを焚いてみます。

　写真フィルムを現像してみると、中心のほうが濃く、周辺に行くほどだんだんと薄くなる、黒い縞模様が写っていることになります。

　波である光（電磁波）は、2つのスリットを「同時に」通り抜けてフィルムに到着することにより、それぞれのスリットを通り抜けてきた「波」の山の部分と谷の部分が、山と山ではより高くし合い、谷と谷ではより低くし合い、山と谷では打ち消し合い、ということが起こります。これを「干渉」といいます。これによって、「干渉縞」が撮影されたのです。

　この「干渉縞」は「波である光（電磁波）」でこそ起こるべくして起こった「波」の性質の現れといえます。

「わかったような、
わからないような…」でも十分！

　ということは、さっきの電子発射機での実験が示していたのは、「電子は波でもある」ということですし、粒子である

電子1個が、2つのスリットを「同時に」通過していったということでもあるのです。

　「そんなこと、起こるワケねぇだろう！！！」

　そうなのです。**日常感覚的には起こり得ないことが起こり得るんだという感覚を受け入れられるかどうかが、試されている**のです。

　ちなみに、光も粒子でもあって、その場合、「光子（photon）」と呼ばれます。

　このような、粒子でありながら波でもある量子の振る舞いを数式で記述する新しい物理学を「量子力学（Quantum mechanics）」、あるいは、「量子物理学（Quantum physics）」といいます。

　量子力学は、20世紀の初頭に一応の完成を見た後、さらなる発展が今日も続いており、その発展を含んで総称するときには、量子物理学と呼ばれます。

「日常感覚」と 「非日常感覚」

　私たちが、いつも目で見ている日常感覚的な大きさの世界、これを「マクロな世界」と呼びます。

　このマクロな世界のあらゆる現象は、17世紀の後半にアイザック・ニュートンが発見した「ニュートン力学」と呼ばれる物理学によって説明できます。

　持っているリンゴを手から離すと、ある時間のあとに床に落ちてしまいます。この落ち方は、ニュートン力学によって、細部に至るまで数式で記述することが可能です。

　あなたのゴルフのボールがいつもスライスするのも、蛇口から水道が出るのも、飛行機が飛ぶのも、ニュートン力学やその発展型の解析力学によって説明できる現象です。

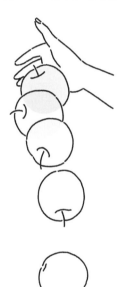

リンゴは当然、落下する

71 ページまでは、
初回は飛ばしてOKです

　それに対して、原子の中のような世界（これを、「ミクロな世界」と呼びます）の現象は、ニュートン力学やその発展型の解析力学によって説明できないことが、19世紀の終わりから20世紀に差し掛かる頃に、発見されました。

　「原子の中」というと、中心に原子核というものがあって、その周りを電子が回っていると前述した通りです。
　原子核も、陽子や中性子といった粒子によってつくられているということも、前述した通りです。外側を回っている電子や、原子核を構成している粒子のような小さいものを量子と総称する、というのは、前述の通りです。

　その量子の振る舞いを説明する理論として、20世紀の初頭の三十数年をかけて一応の基礎が築かれた新しい力学が、「量子力学」です。英語で、「Quantum mechanics」と呼ばれます。この「クオンタム」が、本書の思考法の命名の由来です。

量子力学の登場によって、それ以前の、ニュートン力学やその発展型の解析力学といった力学の総称は、「古典力学」と呼ばれることになりました。英語でいえば「Classical mechanics」です。

　「さっきから、話にさっぱりついていけていない」と感じていらっしゃる文系の方々のために、忘れてしまった小中学校で「理科」として習った物理を、理系志望として高校で習うとどう習うかということを紹介して、納得してもらうことにします。

そもそも、「日常感覚」とは何か？

　リンゴ（でも何でも良いんですが、ここは、ニュートンにちなんで、リンゴにしておきますね）を手のひらに乗せると、手のひらがリンゴの「重さ」で押されます。今、「重さ」という、手のひらの日常感覚に合った言い方をしましたが、物理学的には、「重力」という「力」が手のひらを押していると言い換えたほうが正確な表現です。
　これが万有引力の、身体感覚的にもわかりやすい現れ方です。

数式だからって恐れず、
サーッと読み流してOK

万有引力は、次の式で表されます。

$$F = G \frac{Mm}{r^2}$$

F が万有引力、力（Force）だから F を使っています。

G は、万有引力定数（Gravitational constant）と呼ばれるもので、一定です。

M と m は、引き合っている 2 つの物体（ここの例では、地球とリンゴ）の質量です。質量（Mass、mass）なので、M，m を用います。

r は、2 つの物体の間の距離です。

$G \frac{M}{r^2}$ の部分は、地球表面ではどこでも一緒です。なぜかというと、G は、万有引力定数でどこでも同じ。M は地球の質量なので、これもどこでも同じだからです。そこで、この部分をまとめて g と置き換えますと、式は、

$$F = mg$$

となります。

式の変形を図示してみると……

地球の質量

リンゴの質量

力

$$F = G\frac{Mm}{r^2}$$

黄色の部分は地球上
どこでも一緒なので
gに置き換えて

$$F = gm$$

万有引力定数

2つの物体の間の距離
（地球の半径）

「ええ、どうして ?!?」という感情にすぐ襲われる文系の方は、それは、あなたが未だに引きずっている、間違った教育によって植え付けられたトラウマ、数式アレルギーというか、数学アレルギーというか、によるものですので、この際、克服しましょう。それが、クオンタム思考への大事な第一歩なのです。

だって、**ここで使っているのは、中学校数学で習った文字式の、最初に習った決まりだけ**ですよ。

- ×（掛け算）の式では、×の記号は省いてよい
- 掛け算の順番、何に何を掛けるかの順番は、自由に変えてもよい

ということだけです。

ですから、F = mg は、F = gm と書いても一向にかまわないんですが、どっちでもいいんだったら、あとの話に便利なように、F = mg と、たまたま書いておくということです。

　どうか頑張って、「ええ、どうして?!?」という感情にすぐ襲われ（たくな）るご自身の文系的トラウマを、これをきっかけに、克服してください。何度も言いますが、それこそが、クオンタム思考への大事な第一歩なのです。
　クオンタム思考には、理系も文系もありません。
　ですから、文系の人たちの間違った教育によって植え付けられたトラウマ、数式アレルギーというか、数学アレルギーを克服していただくのもこの本の目的です。

 **数学アレルギーも、ついでに
克服してまいりましょう**

　さて、高校の物理の話を続けます。
　高校の物理では、「質量 m の物体に、力 F を加えると、加速度 a で、動く（止まっていたものは動き始める。動いていたものは、同じ方向ならば、速度が増え（加速され）て、反対方向ならば、速度が減る、つまり、マイナス方向に加速

される（減速される）」ということを習います。

　このことを、

$$F = ma$$

　あるいは、

$$a = \frac{F}{m}$$

と書きます。またまた、「ええ、どうして ?!?」という感情が出てきましたかね。頑張って、そのトラウマ感情に打ち勝ってください。

　だって、これって、小学校の算数で習った反比例の式を、文字式で書いてあるだけですよ。÷を分数にしてますが。

　「加えられる力 F が同じならば、質量 m が大きいと、現れる加速度 a は、小さくなる。質量 m が小さいと、現れる加速度 a は、大きくなる。質量って、動かされ難さみたいなもんだ」ということを表した式ですね。

　ということで、F = mg に戻ります。
　F は、質量 m の物体に掛かる、地球上どこでも一緒の重力でした。
　F = ma と式を見比べますと、g は加速度とイコールだと

いえますよね。はい、そのとおりで、gは「重力加速度」と呼ばれます。地球上では、どの物体にも、同じ大きさの加速度gが生まれるのです。だから、リンゴの木から離れたリンゴの実は、加速度gを毎秒加速されながら、下に向かって落ちていくのです。

ニュートンは、これを見ていて、ニュートン力学を思いついたという話でしたよね。

「リンゴが地面に落ちる」ということ

この項目も
初回は読み飛ばしてOKです

ここらあたりで、話をもう少し、具体的にしていきましょう。**具体的にするのは簡単で、「単位」を付け加えるだけ**です。

まず、距離を「メートル」、時間を「秒」としましょうか。

速度とは、「1秒間に何メートル行くか」ですから、

「メートル / 秒」

という単位で表せます。

加速度は、「1秒間に速度が、どれだけ増すか」ですから、

「(メートル / 秒) / 秒」

という単位で表せます。

g は、地球上どこでも一定で、9.8（メートル / 秒）/ 秒です。

つまり、リンゴの木から離れたリンゴは、1秒後には、9.8メートル / 秒の速度に達して、落下を続けます。

2秒後には、19.6メートル / 秒の速度で落下を続ける……といいたいところですが、お察しのとおり、そんなに高い枝を持つリンゴの木はありませんので、2秒どころか、1秒にも満たない時間で、リンゴは地表に到着してしまいます。

いずれにせよ、この速度（v、velocity）と加速度（a、acceleration）と時間（t、time）との関係式は、先のリンゴの例で納得した、というか、村上に強制的に納得させられたように、

$v = at$

と表せます。地球の重力加速度は g と表しましたから、地球上での落下の速度は、

$v = gt$

と表されます。この式の意味は、リンゴが枝から離れてからの t（秒）後のリンゴの落下速度は、gt（メートル / 秒）になりますよということです。

g は、地球上どこでも一定で、9.8（メートル / 秒）/ 秒でしたので、より具体的には、9.8（メートル / 秒）になります。

　ここで、単位の部分だけに注目してみましょう。

　時間 t の単位が、秒。

　加速度 g の単位が、（メートル / 秒）/ 秒。

　gt というように掛け合わせたのですから、単位の部分も、「秒×（メートル / 秒）/ 秒」と掛け合わせるのです。

　その結果として、「秒×」と「/ 秒」が、打ち消しあって（1ということになり）、速度の単位（メートル / 秒）になるのです。

単位の相殺を図示してみると……

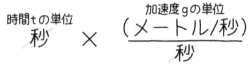

　そこまで言っておいて、「秒×」と「/ 秒」を省くのは勿体無いことを付け加えておきます。その t 秒間にリンゴは

何メートル落下したかということです。その落下距離を s としますと、

$$s = \frac{1}{2} g t^2$$

になります。

「文系だけど、数ⅡBまではやったんだ」という方は、この式を時間 t で微分すれば、$v = gt$ になるということに気が付かれましたでしょうか？

$$v = \frac{ds}{dt} = 2 \times \frac{1}{2} g \times t = gt$$

**難しい、と思ったら
72ページにジャンプしてOKです**

数ⅠAの因数分解のあたりで力尽きて、数ⅡBを履修しなかったという方は、「進んだ距離 s を時間 t で微分すると速度 v が求まる」という上の微分は、よくわからなくっても結構です。

「いや、トラウマ克服中なんだから、そう言わずに教えてよ」

という素晴らしい方々に申し上げます。S の式をもう一度見てください。

　y が S に、x が t になっているだけで、中学校で習った、2次関数の式ではありませんか。そのグラフの形も思い出して見てください。

　t^2 の前（$\dfrac{1}{2}$ g の部分）は、前に掛かっている単なる定数ですよね。グラフ的には、原点に先端がある下向きのスプーンのような形で、前に掛かっている定数は、そのスプーンが、幅の狭いスプーンか、幅が広めのスプーンかを、決めているんでしたよね。

「2次関数」のグラフはスプーン型

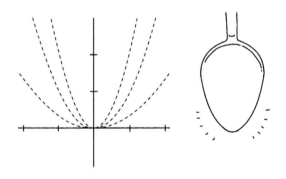

　狭いスプーンというのは、定数が大きいと、t つまり x が大きくなると、あっという間に、S つまり y が、大きくなる

というグラフになるので、幅の狭いスプーンに見えるのでした。

　一方、幅が広めのスプーンというのは、定数が小さいと、tつまりxが大きくなっても、ゆるゆるとしか、∫つまりyが大きくならないので、幅が広めのスプーンのようなグラフになるのでした。

　先の「あっという間」にせよ、「ゆるゆるとしか」にせよ、tつまりxが大きくなるにつれ、∫つまりyの増え方が、だんだんと大きくなってくることは同じです。

「微分」で数学をドロップアウトした人にこそ 読んでほしい「微分」の文系的解釈

　「微分」というのは、あるt、つまり、あるxのところでの、∫つまりyの、増え方を計算する計算方法の名前です。

　$\dfrac{d\int}{dt}$ は、∫の、tでの増え方、という意味の記号です。

　次のグラフを見てください。グラフでいうと、∫のグラフの曲線上に、あるtのところの点が決められますよね。その点で曲線に接している直線（これを接線といいます）を引

いたときの、その直線の傾きが、$\dfrac{dS}{dt}$ なのです。

　t が大きくなると、つまり、もっと右に行くと、接線の傾きは、だんだん急になっていくことが読み取れます。この例のような2次関数の場合は、「t つまり x が大きくなるにつれ、S つまり y の増え方が、だんだんと大きくなってくる」のです。

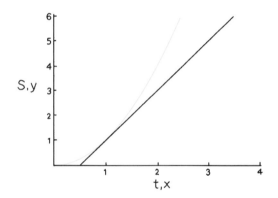

$$\frac{dS}{dt} = 2 \times \frac{1}{2}\ g \times t$$

という具体的な微分の計算は、数ⅡBで習う微分の公式を使って行ないます。

　「t で微分するときは、t が n 乗だったら、その n を前に掛けて、n 乗は、1つ減らして $n-1$ 乗にする」という微分の公式を使っただけです。この場合は n が2ですから、2

を前に掛けて、2乗を2-1乗に、つまり、1乗にしただけ
です。

　ちなみに、微分っていったい何を求めているのかというと、
「瞬間の速度」です。

　東京～新大阪間約500kmを2時間で走る「のぞみ」の「平
均の速度」は、

$$\frac{500,000メートル}{(2 \times 60 \times 60) 秒}$$

ですよね。

　でもどの瞬間も、この「平均の速度」で走行しているわけ
ではありませんよね。上のグラフでいうと、原点からある**t**
までの平均の増え方と、ある**t**点での瞬間の増え方は、明
らかに違います。微分というのは、こうした瞬間の増え方に
注目した計算なのです。

　なんとなく微分がおわかりになった気持ちになった方々、
おめでとうございます。**「なんとなくわかった気持ちになる」
というのも、クオンタム思考へたどり着く、貴重な体験なの
です。**

　日常感覚を超える感覚が、心底わかるなんてことを、最初
から目指してはなりません。

勿論、心底わかるにたどり着けるに越したことはないのですが、まずは、「なんとなくわかった気持ちになる」を目指しましょう。

「なんとなくわかった気持ち」
で十分、十分！

「重い鉄球と軽い鉄球が同時に地面に到達する」ことの意味

さて、理解の程度が「心底」か「なんとなく」かにかかわらず、

$$s = \frac{1}{2}gt^2$$

にも、

$$v = gt$$

にも、質量 m が登場してないことだけには、注目していただきたいと思います。

これが、有名なガリレオ・ガリレイの「ピサの斜塔実験」の根拠式なのです。つまりこの式が、質量の大きい鉄球も、質量の小さい鉄球も、質量 m にはまったく関係なく、地表

には同時に到着するし、到着した時の速度も同じ、ということの証明実験の根拠となっています。

　ピサの斜塔の高さが s メートルだったとしたら、

「$t = \sqrt{\dfrac{2s}{9}}$ 秒後に、どの鉄球も同時に地表に到達する」し、

「その時の速度はいずれも、$v = 9 \times \sqrt{\dfrac{2s}{9}}$ メートル/秒だ」

ということになります。

普段使っているコンピュータは
「日常感覚」の延長にある

　さて、このような**日常的に経験している世界を記述・説明する機能の象徴**が、**電子計算機**──つまり皆さんが日常で使用しているコンピュータであるわけです。

　現在の電子計算機というのはどういった特徴があるかというと、**「0」と「1」という、2つのきっぱりと区別された状態によって、その仕組みが構築されている**ということです。

　つまり、2つのわかりやすい状態、「0か1か」「プラスかマイナスか」「電気が通っているか通っていないか」「スイッチが入っているか入っていないか」「右か左か」「イエスかノーか」を材料とした物理状態によって、動作しているのです。

　巷の電子計算機と同様、私たちの思考法の根幹にも、日常的に経験している世界を記述している古典力学が自然と染み込んでいます。これを、「クラシック（古典）思考」と本書では呼びましょう。

「日常感覚を超える」ということ

　一方、古典力学の次なる段階として登場した新しい力学、量子力学においては、考え方はまったく異なります。つまり「０と１が重ね合った状態」が存在し、「０でも１でもある」という物理現象を観測することができます。

　具体的な現象は、「徐々に」ご紹介していきますが、古典力学では「まさか」起こり得ることのなかった、電子が「壁の向こう側へ通り抜ける」ような現象も、量子力学では、当然のように起こっていることがわかるのです。

　量子というのは私たちが日頃身を置いている日常の世界とは、ひとあじもふたあじも異なるルールで動いています。つまり、**量子はその振る舞い自体が、日常感覚的に理解しうるものではない**のです。

　「古典思考」「クラシック思考」が築いてきた科学技術の最先端には、日常感覚を超越した量子の世界が広がっている。この事実を受け入れられるかどうかが、今後の思考の発展、思考の「クオンタム」的発展には欠かせません。

　私たちはつい、日常感覚的であることを快いとし、非日常

感覚的なことや飛躍し過ぎていることを、改善すべきもの、できれば避けるべきもの、として扱ってしまいがちです。

　しかし、1章で紹介した天才たちの思考は、実は私たちの言う「日常性」とは、まったく別の感覚に基づいてできています。

　自らの興味・関心に基づいて新しいものを生み出し続ける天才たちの思考に接近するため、日常感覚至上主義を超越した**「非日常感覚主義」としての「クオンタム思考」**を、習得していきましょう。

微分とは何か？

　「そもそも、微分っていうものが何で、何のために行なうものか？」という素朴な質問。たしかに、高校で数学ⅡBを履修していない方にとっては、初めて出会う言葉かもしれません。

　微分というのは、端的に言えば、「変化している量があったとして、ある瞬間に、どれくらい変化しているのか？」に注目したものです。小難しく感じるかもしれませんが、例を出せばすぐにわかります。たとえば経済成長で考えてみましょう。

　私たちはよく、1年間や半年、四半期の経済成長率について話をしますね。それをもっと短い期間――今、この一瞬にまで縮めてみてください。

　たしかにこの一瞬も、何らかの「経済成長」は起こっていて、この切り取られた一瞬の変化率が、どのくらいかを求めるのが、微分なのです。

　ですから、たとえばGDP（国内総生産）のグラフが描かれた場合には、そのグラフのある時点での（接線の）傾きを求めることが、すなわち「微分する」ということになります。

　このように、仕組みとしては簡単なものですから、「微分」と聞いたらすぐに「ああ嫌だ」「わからない」と思う必要などまったくありません。この調子でぜひ、理科系へのアレルギーを払拭していってください。

「クオンタム」の力を
最大限に活用するために

　量子の振る舞いが日常感覚を超越したものであるとはいえ、しかしこれまで「クラシック思考」で考えてきた方々が、いきなり「クオンタム思考」で物事を考えるのは難しいかもしれません。

　本章の大部分を「1回目の読書」で読み飛ばした方も、それで結構です。ひとまずは「よくわからないが、そういうものか」という気持ちで、引き続き読み進めていってください。

　本書の論理展開は、できるだけ古典力学にのっとり、日常感覚的に詰めていくように心がけていますが、量子力学的な思考そのものは、日常感覚を超越した発想力によって記述されています。なにせ**「イエスであってノーである」状態が認められている世界**ですから、一筋縄ではいきません。

　ですから、クオンタム思考を学ぶ上では、「日常感覚的であることが最もよい」という思考はまず手放してください。何か受け入れ難い事実が登場したとしても、**まずはその事実**

を認め、わからないままであり、正直、少し気味が悪いけれど、とりあえず進めていくことを、正しい理解方法の1つだと思ってください。

ビジネスも、人生も……
「日常感覚」ではたどり着けない境地へ

「よくわからないけど、
そういうものか」でOK

20世紀の初頭に開始された量子力学の構築は、1926年の「シュレージンガーの方程式」によって、その第1段階の構築が終わりました。

その後は、同じく20世紀の初頭の1905年に発表されたアインシュタインの「特殊相対性理論」との融合を目指して、「クライン・ゴルドン方程式」と「ディラック方程式」と発展し、さらに、朝永振一郎先生とリチャード・ファインマン先生による、第2量子化とも呼ばれる「場の量子論」へと発展し、今は、1915年に発表された、アインシュタインの「一般相対性理論」との融合を目指して、「超ひも理論」や「量

子重力理論」が活発に研究されております。

　それはもはや、「量子力学」という呼び方では覆いきれない内容となってきておりますので、本書ではそのことを表現する場合に限って、**「量子物理学」**と呼ぶことにしたいと思います。

　今後、量子力学と、その発展形としての量子物理学の謎が解明されるごとに、そして量子物理学に基づいた新しい技術が世に送り出されるごとに、私たちは「まさか」と思わずつぶやいてしまいそうな、クラシック思考ではたどり着けない世界を目の当たりにすることになるでしょう。

　実際のところ、**技術という点では、すでに量子力学の成果は、さまざまに取り入れられております。**

　たとえば、今や、「古典計算機」と呼ばれ始めている、現在の電子計算機（皆さんの目の前にあるコンピュータ）は、ご存知のようにトランジスターや集積回路といった部品がたくさん使われております。

　これらは半導体と呼ばれる素材でつくられているわけですが、その半導体技術の基礎理論も、量子力学なのです。銅や金のように電気をよく通す金属が良導体、木材やゴムやプラスチックが絶縁体、そのちょうど中間的な電導性を持つのが

半導体で、その性質を説明するのに必要な理論が、量子力学なのです。

　半導体というと、エサキダイオードの発明で、日本人として４人目のノーベル賞受賞者となられた江崎玲於奈博士をご紹介しないわけにはいきません。

　というのも、このエサキダイオードこそが、「量子は壁をすり抜けられる」という摩訶不思議な現象を応用した技術だからです。それこそ「まさか」の現象に基づく技術なのです。

　このようにすでに「まさか」の現象に基づく技術に支えられた時代に生きている私たちこそが、その「まさか」についていかないわけにはいきません。 ついていけるかどうかは、あなたの思考がどれだけクラシック思考を脱却し、クオンタム思考に近づけているかにかかっています。

　本章のまとめとなりますが、あなたのクラシック思考からクオンタム思考へと切り替えのサポートをすることが、本書の役割なのです。

第 **3** 章

クオンタム思考へ
至る方法──
「フレーム・オブ・
リファレンス」

リベラルアーツや教養は
「身につけるだけ」ではもったいない

　近年、「リベラルアーツ」や「社会人の教養」への関心が
高まっています。

　リベラルアーツとは、実践的な知識や学問の基礎のことで、
おおもととなる古代ギリシャ・ローマ時代には「自由学芸七
科」とされていました。

　この自由学芸七科とはすなわち、文法学・修辞学・論理学・
算術・幾何学・天文学・音楽になります。人類は、**はるかな
昔から、答えのない問いと向き合ったり、新しい問いを見出
すための道筋として、これらの学問を志してきた**のです。

　身近なところでいえば、私たちが義務教育の中で学んでき
た、国語や算数や理科や社会、図工や音楽といった必須教科
たちが、リベラルアーツの基本中の基本の学問になります。

　それらの教科の先に、美や真実を見極めたり、問いを立て
思考を深めたりといった領域が広がっています。

　さて、このリベラルアーツですが、社会人の必須科目では

あるものの、それを活用することを意識できている人があまりにも少ない、というのが私の意見です。

　なぜなら、**社会人になってリベラルアーツや教養として学んだことは、自身の知識の体系（フレーム・オブ・リファレンス）に適切に位置づけなければ、ただの知識の断片となってしまう**からです。

クオンタム思考の土台
「フレーム・オブ・リファレンス」を形成する

　「クオンタム思考」についてお話しするはずが、ここでリベラルアーツについて述べたのには理由があります。

　それは、リベラルアーツをうまく活用するための方法——「フレーム・オブ・リファレンス」の形成こそが、理数への苦手意識の克服と基礎的な理解と並んで、クオンタム思考を身につけるために欠かすことのできない方法である、と考えているからです。

　「フレーム・オブ・リファレンス」とは、直訳すると「知の参照体系」です。

　字面だけではぴんと来ないでしょうが、つまるところ、**通**

常の勉強や生活において獲得する知識や経験・情報を、それ
ぞれ関係するもの同士を軽く紐づけるかのように捉えておく、
という状態を指します。

　イメージするならば、**それぞれの頭の中にインターネット
の通信網のようなものが築かれるようなもの**といえます。

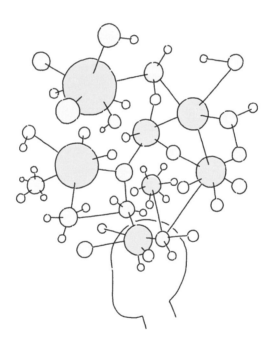

頭の中の知識の体系「フレーム・オブ・リファレンス」

この「フレーム・オブ・リファレンス」という言葉は心理学用語としても使われており、そこでは次のように定義されています。

「外からの情報が頭の中の適切な引き出しにしまわれ、長期にわたり正しく保存され、なおかつ必要に応じてスムーズに取り出せる、そんな仕組みを頭の中に構築すること」

私もこれに近い感覚で、頭の中のフレーム・オブ・リファレンス形成を意識しています。「外からの情報」とは、人と人とのコミュニケーション、日常の営みの中で得られる経験、訪れた先々での刺激、見聞きしたもの、人や本などから得た知識などです。

要するにここで言いたいことは、外からの情報を頭の中へ正しく入れて、1つの「巨大な知識階層構造」に近いものを築き上げておくことが肝要であり、その形成の先に「クオンタム思考」の獲得があるということです。

そしてこの「フレーム・オブ・リファレンス」の形成は、2つの側面があります。それは、**「知識を入れる」**ことと、**「知識を体系立てる」**ことです。

誰もが持つ「頭の中のデータベース」を
豊かに耕そう

　フレーム・オブ・リファレンスの形成作業は、実は**ゼロから行なう必要はありません**。なぜなら、フレーム・オブ・リファレンスの形成には、これまでに学習してきた知識や経験もまた、活かすことができるからです。

　とくにここで役立つのは、学生時代までに学習してきた算数や理科や社会、英語や音楽や図工などのいくつもの科目です。
　当時は、
　「こんなの習っても社会に出たら使わないのではないか？」
　と、理不尽さを解消できないまま取り組んだ、苦手な科目もあったことでしょう。
　では、「社会に出ても使わない」と感じながら勉強した科目というのは、本当に、社会に出たら何の役にも立たない、無駄なものだったのでしょうか。人によって是非はあるでしょうが、私は決して無駄ではなかったと考えています。
　各科目の学習は、ただ単に知識を詰め込まれているようでいて、実はカリキュラムに則って、関連付けられて行なわれていました。この各科目の勉強によって、私たちは無意識に、

頭の中にフレーム・オブ・リファレンスを形成するという作業に取り組んでいたのです。

　さらにさかのぼれば、母親のお腹の中にいたときから、そして今この本を手に取り目を通していただいている瞬間も、頭の中でフレーム・オブ・リファレンスの形成は実行されています。
　ただし、社会人の学習や経験は、学生時代に誰かがカリキュラムを組んでくれたように、体系立てたり、関連付けたりして、受動的にフレーム・オブ・リファレンスの形成拡大が実行されるものではありません。
　そこで、社会人である皆さんには、フレーム・オブ・リファレンスの形成を明確に意識することで、より精緻かつ有意性の高い構造をつくり上げていただきたいのです。

　「フレーム・オブ・リファレンスのことはなんとなくわかったが、それとクオンタム思考にどういう関係が？」
　と疑問に感じている方のために、早々に種明かしをすると、ここまで紹介してきた「クオンタム思考」というのは、**意識的につくり上げられた質のよい（量子分野を含んだ）フレーム・オブ・リファレンスを土台として、その上に築かれる思考**、ということになります。

フレーム・オブ・リファレンス形成
村上の場合

　フレーム・オブ・リファレンスに関して、少し概念的な話が続きました。そこでここでは、フレーム・オブ・リファレンスとはどういうもので、私がどうやって築いてきたのかを、私自身の経験からお話ししていきましょう。

私がどうして「フレーム・オブ・リファレンス」を形成できたのか

　私は大学卒業とともに日立電子へ、ミニコンピュータのシステムエンジニアとして入社しました。

　日立電子での仕事内容を手短に説明すると、さまざまな研究所にお邪魔し、そこの先生が研究されている内容をお聞きして、

　「先生たちの研究はここをコンピュータで自動化することができますよ」

　という提案をするといったものでした。

研究分野は医学や物理など多岐にわたり、私は、先生方の専門分野の知識をそれなりに習得する必要がありました。知識がなければ、研究所の先生と話を合わせることができません。知識不足のまま提案しても、的はずれな提案として、競合他社に負けるだけです。

　まずは先生方がどのような研究に打ち込み、どのような成果を出そうとしているのかを、知る必要があったのです。

　そのため私は、会社のあったJR中央線武蔵小金井駅近くの書店へ、研究所の先生方を訪問した帰りに立ち寄り、その日に聞いた専門分野について書かれている本を漁（あさ）っていました。

　分厚い本格的な専門書はあえて避け、字が大きくてイラストが多くて、なおかつ全体がぼんやりとでもつかめる程度のなるべく薄い本を買い、知識を身につけていきました。

　字が大きくてイラストが多い本ですから、せいぜい1時間ほどの熟読で済ませられます。私は「**一知半解（いっちはんかい）**」と呼んでいたのですが、細かいところはわからないままにし、わかるところだけ解読することに専念しました。

　一知半解の状態になれば、

　「今日、話を聞いた先生の言いたかったこと、狙っている

ことはこういうことだろうな」

　と、**なんとなく把握する**ことができます。その理解をベースに提案を組み立てることで、研究所の先生から、

　「おっ、ところどころ誤解もあるが、こいつは自分たちのやっていることをわかっているな」

　という評価をいただくことができたのです。

　私はこの一知半解の手法を続けていきました。結果的に年に200冊のペースで書籍を読んでいたと思います。1970年から1977年の8年間、この仕事に従事していたので、**合計で約1500冊も異なる分野の本を読んだ**ことになります。

　期せずしていつの間にか成し遂げていた、この読破冊数はなかなかのものだと思います。1つの分野に絞って関連書籍をひたすら読む人はいますが、さまざまな分野を、やんわりとした「一知半解」の理解ではありましたが、1500冊も読んだ人は、世の中を見渡してもそうそう出くわすことはないはずです。

　そしてさまざまな分野にわたって1500冊も本を読んでいると、分野ごとのつながりに限らず、共通点や関連性が見えてきます。その繰り返しによって、私はあるときを境に、脳の中にあるフレーム・オブ・リファレンスの形成をはっきり

と「意識」できるようになったのです。

　それ以降、新しい分野の先生にお会いし、その先生の分野の話を聞いて易しい解説書を読むことは、脳内にある「知の参照体系」の、「隙間」を埋めるような感覚を認めるようになりました。

　あるいは、何か新しい知識を得たときに、

「この知識は、この間読んだあの本の知識とつながりそうだ」

ということを直感的に感じられるようになりました。

　さらには「これからどんな産業がより伸長していくか」とか、「ある分野がどのように発展していくか」といった想像力も的確に働くようになりました。

　その1つの成果が、日立電子以降の私のキャリアであり、また前述の日経新聞の「村上憲郎のグローバル羅針盤」のコーナーであったといえるでしょう。

　フレーム・オブ・リファレンスの形成とは、言い換えれば**分野やジャンルを超えて、関連付けたり発展させて考える土台づくり**です。意識的に形成していくことで、マクロな視点の獲得や、柔軟性を身につける訓練となるでしょう。

褒め言葉としての「でっちあげ」の技術

　量子コンピュータの開発やスマートシティ関連のニュース
が出た際に、メディアの方々に意見を求められることがあり
ます。その求めに応じて、できる限りのコメントをするので
すが、するとメディアの方々に、驚かれることも珍しくあり
ません。

　**「どうしてそんなに幅広い分野について、詳しくご存知な
のですか？」**

　**「今後の展望について、そんなに正確に言い当てられるの
はなぜですか？」**

　「どんな情報を握っているのですか？」

　という具合です。

　そのときに私はつい、

　「そんなもの、『**でっちあげ**』ですよ」

　と返してしまいますが、**実はこれこそがフレーム・オブ・
リファレンスの効用**だろうと私は考えています。

　というのも、フレーム・オブ・リファレンスを形成するこ
とで、どんなテーマに巻き込まれても柔軟に対応できるよう
になるばかりでなく、**そのテーマの領域だけにとどまらず、**

一気に周辺領域にまで思考を広げることができるようになるからです。

　知識を広く脳の中へしまい込んでいることで、一見すると関係のない引き出しからアイデアを引用することもでき、自分が目の前に抱えている課題を打ち破る、まったく新しい、日常感覚外の方法さえ思いつくことができてしまうのです。

　フレーム・オブ・リファレンスを充実させればさせるほど、わからないところはわからないままでも、周辺領域の助けを借りながら、「でっちあげ」で切り抜けられる技術を身につけることができました。

　「でっちあげ」は決してその場しのぎの生半可なテクニックではなく、**広い視野で物事に触れ、本質を感じ取り、知の参照体系を築いてきたからこそ、なし得る技能**なのです。

いろんな方が、私を「ツキの村上」と呼ぶ理由

　以上のようなフレーム・オブ・リファレンスに基づく「でっちあげ」の技術が、その後の私にどのような影響を及ぼしたかも述べておきましょう。

私は日立電子の後、当時のコンピュータメーカーの世界的企業であった米ディジタル・イクイップメント・コーポレーション（DEC）の日本法人に、1978年に転社しました。そのDEC時代、当時の通商産業省（現・経済産業省）が、1981年に開始した、人工知能マシンを開発する「第5世代コンピュータプロジェクト」の、担当部長に選ばれました。

　このときDEC本社から、ダンボールにいっぱいの人工知能の学術文献が送られて来たのですが、それらをあっという間に読み終え、「ミスターAI」と呼ばれるほど、人工知能への造詣を深めることができたのです。

　この大量の資料を圧倒的なスピードで読み終えた出来事は、ちょっとした伝説になったのですが、これは得意の一知半解の手法を実践したからであります。

　種明かししますと、**じっくり読み込んだのは3分の1程度**でした。私がこれまで培ってきたフレーム・オブ・リファレンスの力を借りれば、**残りの3分の2以上はそれまで読んだ3分の1のどれかに書かれてあったことの繰り返しが多く、さらっと流し読みをすれば十分である**ことは明らかでした。その中から新しい事実だけを読み取れば、本質的な理解を得ることができたのです。実際にその後のプロジェクトにおい

ては、知識不足を感じることはありませんでした。

　わからないところはわからないままとして、築いてきたフレーム・オブ・リファレンスの力でうまく「でっちあげる」ことで、私は人工知能のスペシャリストを気取ることができ、その後のキャリアの足がかりとすることができました。
　1986年には、DEC米国本社の人工知能技術センターに出向を命ぜられて、5年間、さらに人工知能分野の識見を深める幸運にも恵まれました。

　これよりだいぶ後に、私はグーグルの副社長兼日本法人社長に選ばれるわけですが、その理由は、人工知能に関わった仕事をしていたことが大きかったようです。
　とはいえ、ミスターAIの異名はすでに過去の話で、私がグーグルに呼ばれる頃には、正直、さらに発展を遂げていた「自然言語処理」「機械学習」や「ニューラルネットワーク」といった、最新の人工知能技術にはついていけていませんでした。
　しかしグーグルCEOのエリック・シュミットは、私を雇うときに、私に次のようなことを言いました。
　「自分も人工知能の最先端技術はわからない。けど、ノリオならわかったフリができる」

これも、私が「でっちあげ」の技術を磨いてきたからこそ、得られた抜擢だったということです。人工知能やコンピュータの黎明期から、その業界に在籍していた私は、グーグルの若いスタッフたちの中にあっても一目置かれ、知識と経験を持つ年配者として、グーグルの事業拡大にいくらかの貢献ができたかな、と感じています。

　私のキャリアを眺めて、多くの方が、私のことを**「ツキの村上」**と呼んでおられます。私自身も「運がよかった」「ツイていた」から、ここまで来られたのだと思っております。

　しかしそのツキを引き寄せるために、就職後もたくさんの本を読み漁り、知識を溜め込み、フレーム・オブ・リファレンスの形成と拡張を続けてきたことは、欠かせなかったと確信しています。これらがあればこその、このツキ、この経歴、なのでしょう。

イーロン・マスクの
"飛躍" の理由

フレーム・オブ・リファレンスの構築と有効活用を企業規模で推進してこられたのが、テスラ、そしてその CEO であるイーロン・マスクではないかと思います。

テスラ・モーターズは、言わずと知れた電気自動車のトップメーカーですが、イーロン・マスクはもともと、IT 業界の出身です。それで電気自動車を、まるで PC のような発想でつくってこられました。このように断言できるのは、**電気自動車の部品点数は、従来のガソリン車と比べるよりも PC と比べるほうがよりふさわしい少なさ**(しかも、その度合いは「激減」というべきもの)だったからです。

イーロン・マスクの発想は、さらに先へ進みます。

PC ならば、最も成功した PC メーカーである DELL のビジネスモデルに学ぼうと、DELL の発足時代と同じ完全受注生産を取り入れました。

また彼は、電気自動車のコスト的にも形状的にも最大の部品であるバッテリーでの競争力がコア・コンピタンス(競合

クオンタム思考へ至る方法
——「フレーム・オブ・リファレンス」　Chapter 03　097

他社に真似できない要となる能力）になると思ったら、バッテリーの供給を受けていたパナソニックの力を借りて、自前のバッテリー工場をつくってしまいました。

　さらには、「電気自動車のバッテリーは、各家庭で駐車されている間は、家庭用のバッテリーにも兼用できる」という発想から、家庭のエネルギー問題を解決するべく、家庭用ソーラーパネルにも進出しました。

　このあたりから、イーロン・マスクは、自動車の部品と家庭で使われるものの部品の品質管理の差というものにも、気が付いたように見受けられます。

　突然、部品の品質管理の最も厳密なロケット産業に進出しました。「火星に移住する」といった夢のある話を語ってそれこそ煙に巻きながら、再利用可能なロケットを開発する「スペースＸ」という会社を立ち上げました。そして、民間で独自開発したロケットであるにもかかわらず、さまざまな困難を克服して、それまでの核ミサイルの転用技術であったNASAのロケットに替わって、**NASAに採用される**という快挙を果たしました。

　最近では、脳と機械とを結合するBMI（Brain Machine Interface）と呼ばれる分野にも進出し、「Neuralink」という会社を立ち上げ、すでに豚の脳へのインプラント実験を成

功させておられます。

　豚は、身体構造的に人間に最も近いと言われている哺乳<ruby>哺乳<rt>ほ にゅう</rt></ruby>類ですので、人間へのインプラントも近々開始されるものと思われます。

　BMI は、IT 技術の延長線上で発想されたと思われますが、火星へ移住や長期の宇宙旅行も視野に入れてのことでしょう。火星などの環境下で生き延びるための人類の次の段階、たとえば、機械と融合したサイボーグと呼ばれる新しい人体を人間が獲得していく必要性にも応えるといったことも考えていると思われます。

　イーロン・マスクも、素晴らしいフレーム・オブ・リファレンスをお持ちで、さらにその上で、まさしく日常感覚を超えたクオンタム思考を駆使されているに違いないとお見受けできるわけです。

　イーロン・マスクのように、これら知の参照体系、フレーム・オブ・リファレンスに適切に収められた知識や情報たちは、必要に応じて速やかに出し入れすることができるようになっていきます。この力を活用することで、目前のあらゆる課題に対して、適切な試行錯誤を効率よく行なえるようになるのです。

フレーム・オブ・リファレンスを
豊かに形成する方法

　頭の中に知識の参照体系、フレーム・オブ・リファレンスをつくることの重要性はご理解いただけたでしょうか。

　前提として、「フレーム・オブ・リファレンス」という考え方があり、それを各々の頭の中に築いていくのだ、という目的意識を持っていただけたならば、ここからは、クオンタム思考を可能にするフレーム・オブ・リファレンスの形成の方法論に移っていきます。

　ここでご提案するのは、

①書籍・動画などの**インプット**

②**リベラルアーツ**を学ぶ

③**量子力学**分野を学ぶ

④**英語**を身につける

⑤社会人の基礎教養として**財務3表**（損益計算書、貸借対照表、キャッシュフロー計算書）と**契約書**を読めるようにする

という5つの方法です。

「理数は苦手」は今からでも克服できる

　さらにもう１つ、「③量子力学分野を学ぶ」の前提として付け加えさせていただきたいのが、これまでもお話ししてきた**「理系科目への苦手意識の払拭」**です。

　理数への苦手意識のある方は、来るべき未来に向けて、その**苦手意識を根本から取り去ってしまう**こと、そして**理系と文系といった日本では常識とされる垣根を取り払ってしまう**ことを、本書によって実現していきたいと思います。それが、フレーム・オブ・リファレンス形成の助けとなるからです。

　そもそも、理数科目に苦手意識のある方の多くは、高校時代に、数ⅠAや数ⅡB、あるいは物理や化学によって、そうした状態になってしまったものと拝察します。

　あるいは、理系を自称する方々も、話が量子力学や量子物理学まで進むと、何が何だかわからない、ということもあるでしょう。

　理系の方であっても、これまでご紹介したように、量子力学や量子物理学には、私たちの日常感覚とかけ離れたところがあるので、「アレルギー反応」といってもいいほど拒否感のある方もいるかもしれません。

　事程左様に、量子の世界、つまり、クオンタムの世界は、

理系でも「まさか」と思うような世界なのですから、文系の方々も「自分は文系だから」なんて思う必要はまったくないのです。

そして**「理系の話は無理」とは言っておられないスピード感で、量子コンピュータをはじめとする量子力学丸出しの技術が身近になってくる**ものと予想されています。

「数学や物理学は苦手」と言っていては、そのフレーム・オブ・リファレンスが役に立たない、あるいは**最先端で活躍していくためのスタートラインにすら立てない**時代がやってくる、と考えたほうがいいと言うか、考えていないと時代に後れを取ってしまうことになりかねないのです。

そこで本書では、一知半解で理系も文系も幅広く学んだ私・村上が、理数科目アレルギーにも負けないような"易しさ"で説明することで、量子力学の基礎を肌感覚でつかんでいただくことを目指しています。

そうはいっても、クオンタム思考が身につくのが先か、理数科目への苦手感覚がなくなるのが先か、という状態でもありますので、最初からすべてを理解しようと思う必要はまったくありません。**「一知半解できればヨシ」というつもりで、**

いい意味で「不真面目に」読んでいってください。

ここまでお話ししたところで、ようやく、クオンタム思考の土台となる豊かなフレーム・オブ・リファレンスの形成方法の説明に、移っていくことにいたしましょう。

--- 読書・動画❶ ---

大人こそインプットをし続けよう

フレーム・オブ・リファレンスの形成、そして追々拡張していくためにまず重要なのが、その材料となる**知識や情報を得る**ことです。手っ取り早くいえば、「本を読め」「より深いニュースを探せ」＝「調査報道やドキュメンタリー番組を観ろ」といったところでしょうか。

その情報源は文章である必要性などありません。

インターネットの時代、動画で学ぶことでもフレーム・オブ・リファレンスは形成できます。毎日流れる時事ニュースだけでなく、ややマニアックな分野にも興味を持ち、知の参照体系であるフレーム・オブ・リファレンスを豊かにする努力を続けましょう。

忘れてならないポイントは、**一知半解、つまり深い理解を目指すのではなく、なんとなくの気分で本質に近いところをつかみ取ることに専念する**ことです。

　細かい隅々のところまで理解し尽くしたり、記憶にとどめたりする必要はありません。

　一見、あなたの人生とは結びつきのなさそうな分野であっても、一知半解の学習でフレーム・オブ・リファレンスを充実させることで、あなたが現状で抱える何らかの課題の、解決の糸口になるかもしれません。

　また、今は関係を見出せなくても、その後の人生で何らかの手助けとなるかもしれません。

　新しい分野に触れたら、脳の中のフレーム・オブ・リファレンスのどこかへ「ひっかける」意識を忘れないで持っておきましょう。細部を理解できなかったとしても、

　「あの情報と関連しているかも」

　「この見方はこちらの分野でも使えるかも」

　などと関連付けておくだけでも十分です。

　関係ないような分野同士でも、ときに根底の部分で似ているところがあるものです。その共通部分を一言で呼ぶなら、**「本質」**ということになるのでしょう。

本質はいくつもあり、また、それぞれの系から派生する分野はいくつもあります。新しい分野に触れるにつれてそれぞれの系は拡張され、知識階層構造の枠は、その価値をより高めていきます。

その効用は、前述のイーロン・マスクとテスラの飛躍が、すでに示してくれているのです。

SF小説で他人のフレーム・オブ・リファレンスを堂々と「のぞき見」しよう

本書の打ち合わせをしているとき、

「フレーム・オブ・リファレンスを理解し、形成するために、読んだほうがいい本はありますか?」

と質問を受けました。それに対する私の答えは「SF(サイエンス・フィクション)小説」です。なぜなら、**「SF小説」というのは、作者の想像力、つまりフレーム・オブ・リファレンスの賜物を、直接的に見ることができる**からです。

前述のように、私はDEC米国本社の人工知能技術センターで働く機会を得ました。主な仕事は、全米の大学や研究機関の人工知能分野の研究者のところを訪ね歩いて、最先端の

研究情報を集めることでした。

　その中で気が付いたのは、**人工知能学者の研究室やその周り（廊下や共同スペース）に、SF小説が山のように置いてある**ことでした。当時足を運んでいた何カ所もの研究室で、最新のSF話題作に限らず、SF海外作品やSF古典名作と出くわしたのです。

　当時、人工知能学者がSF小説を読むイメージがあまりなかったため、ある先生にうかがったところ、そのもっともな理由を教えていただきました。いわく、

　「SF小説には現実には起こっていない創造の産物が、現実と結びついて描かれている。そのアイデアが、自分の研究の新しい突破口へのヒントを教えてくれるのだ」

　ということでした。

　たしかに、SFに描かれている世界は、現実をベースにしながらも、今とは何かが異なる世界です。科学技術が発達していたり、歴史をベースに「もしも」が描かれていたり、新しい生物や細菌が描かれていたりと、作家が自身のフレーム・オブ・リファレンスに基づいて描き出した世界と言えます。

　そのSFの非日常的なアイデア、そしてアイデアのもととなる知識の関連付けこそが、研究者にとっては研究分野に役立つ非日常感覚的なアイデアを生み出す刺激となり、私たち

にとってはフレーム・オブ・リファレンスの形成・拡張の役
に立つ、というわけです。

　書籍でも漫画でも映画でも、**他人の想像力やフレーム・オ
ブ・リファレンスに触れる機会は、自身のフレーム・オブ・
リファレンスの拡充につながります。**
　楽しみながら実践してみてください。

リベラルアーツ

日本型教育を受けた人ほど、積極的に学ぶべし

　リベラルアーツもまた、豊かなフレーム・オブ・リファレ
ンス形成に役立ちます。とくに、日本で高等教育、いわゆる
四年制大学を真面目に卒業された方こそ、意識的にリベラル
アーツを学び続けるとよいでしょう。

　**リベラルアーツは、「答えのないものを問う力」、そして「新
たな問いを立てる力」そのものです。**
　しかし、実は日本のカリキュラムでは、リベラルアーツが
十分に身についていないことが多いのです。それは諸国の大
学のカリキュラムと比較すると、よくわかります。

たとえばアメリカであれば、リベラルアーツカレッジは学生の歩んでいくオーソドックスな進学先です。在学生はここで広く一般的な教養を身につけ、リベラルアーツの基本を学んだ後、法学や医学など、それぞれの目指したい大学院へと進む道を選択します。

　ハーバード大学やカリフォルニア大学といったハイレベルの大学ほど、このような傾向にあるのが現状です。

　海外ではリベラルアーツこそが重要であり、優秀な若者たちは専門に進む前に、リベラルアーツをしっかり学んでいるのです。

　一方で、日本の教育カリキュラムでは、早い段階で理系や文系、法学部や医学部といったコース分けを行ない、その道を一度選べば、ひたすらその学問だけに専念するため、残念ながらリベラルアーツを身につけにくいのが現状です。

　誰かが導き出した答え（＝知識）は他の国の方々より身につける機会が多くありますが、**新しい問いを立てたり、答えのないものと向き合う方法を学ぶ機会がない**のです。

　日本の教育では、専門性の高い知識を有することはできますが、目の前の課題を広い視野で多角的に見て克服していこうとする発想力が乏しい傾向にあります。

創造性の高い革新的アイデアを生み出すという点で見ても、欧米諸国に後れを取っていると言わざるを得ません。

　こうした日本人の課題は、リベラルアーツへの理解不足というか、そもそもリベラルアーツといった発想すらなく、フレーム・オブ・リファレンスの形成・拡張不足に陥っているためと考えられます。

　ですから、読者の皆さんは、リベラルアーツに取り組むことで、フレーム・オブ・リファレンスの形成と拡張につなげましょう。そうすることで、視野を広げ、時代の変化を問わずに通用する頭脳を得ることができるでしょう。

　フレーム・オブ・リファレンスに収められるものは、言葉に限定されるものでもありません。芸術家の方であれば、絵や音などが主体となって、フレーム・オブ・リファレンスが形成されているかもしれません。

　人間は言葉で思考する生き物ですから、どうしても言語化したくなってしまうかもしれません。しかし、リベラルアーツの分野にフレーム・オブ・リファレンスを拡張するにあたっては、**言語化にこだわらないこと**も重要でしょう。

グーグルは、たった1つの「ある公式」だけで言い表せる

　理系の人でも学習していない人が多い分野の中で、文系の人でもとくに学んでおいたほうがいいものとして、ここでも**「量子力学」**をお勧めします。

　前述のように、「クオンタム思考」の名称の源となった分野です。

　変化し続ける世の中で自分の能力を発揮し、最前線で活躍していきたいという方は、ぜひ、あなたのフレーム・オブ・リファレンスに「量子力学」のコーナーを新設してください。

　なぜ量子力学を学ぶべきなのか？

　それは、**量子力学が描き出す世界が、これまでの日常感覚とは根本的に異なるものであり、かつこれから世の中を変えていく技術のなかでも最先端に位置しているもの**であるです、というのは、「一知半解」でもここまで読んでこられた方には、すでにおわかりかと思います。

　はい、そこで、「そうかなぁ？」なんて、真面目に考え込まないんですよ。「一知半解」でいいのですから、「そうだそうだ」と胸を張って前に進みましょう。それこそ、クオンタ

ム思考的態度なのです。

　繰り返しになりますが、理科系の学問を修めてこられた方々にとっても、「量子力学」と、その発展を続ける「量子物理学」の指し示す世界観は、決して易々と受け入れられるようなものではないのです。

　ただ、理系を自称する方々は、数学の式として示されると、納得せざるを得ないというか、「石にかじりついてでも、式の展開だけでもナゾルぞ」となるわけで、この意気込みの有無だけが、もしかすると文系と理系とを隔てるものなのかもしれません。「日常感覚を超えた世界観に納得する」という点においては、文系も理系もほとんど変わらないはずです。クオンタム思考の前には、文系理系は実は関係なく、誰もがその枠組みを超えて新しい思考法を身につける必要があるのです。

ここから119ページまで、初回は読み飛ばしてOKです

　たとえば私が入社した当時のグーグル米国本社は、理系の発想の上に成り立っていました。当時はまだ、さほど大きくないビルを３つ借り上げて本社としていましたが、それぞれ

のビルには、「e」「i」「π」という名前が付けられていました。

　この、一見なんでもない（わけでもない）3文字は、実は次のような発想の上に成り立っています。

　まず、「e」というのは「自然対数の底」と呼ばれる定数です。具体的な記述を試みれば、$e = 2.71828\cdots$です。

　iは、文科系の人でもご存知の虚数単位、つまり、2乗すると-1になる数ですね。

　πというのは、円周率で、おおよそ3.14と知っていますよね。

　なぜ、ビルの名前としてこの3つの数が選ばれたかというと、この3つの数の間には、

　$e^{i\pi} = -1$

　つまり、「eのiπ乗が-1になる」という、**「オイラーの公式」**というものが存在するからです。

　このビルの名前にこそ、グーグルの発想が理系の思考をベースに成り立っていることを象徴しているといえるのではないでしょうか。

グーグルは実は
「クオンタム思考的」な存在です

　文系の人にとっては、「i」と「π」は思い出したけど、自然対数の底「e」は初耳だというのが普通だと思いますので、もう少し説明します。

　まず、「対数」です。ある数のn乗を考えましょう。

　10のn乗にしましょうか。2乗は100、3乗は1000、ですね。そこで、逆に「100って、10の何乗？」ときくのが「対数」です。「log」と書きます。

　つまり、

　log100 ＝ 2

　の式の意味は、

　「100って、10の何乗？　2（乗）です」

　です。

　次に、

　log 1000 ＝ 3

　となります。この式の意味は、

　「1000って、10の何乗？　3（乗）です」

この「10の何乗？」ときく対数を、「常用対数」と呼びます。そして、その「底」は「10」というわけです。

そこで、いよいよ、「e」ですが、
「ある数があったとして、これは e の何乗ですか？」
ときくのが、「自然対数」と呼ばれるものです。こちらは、「ln」と書きます。

さて、
$\log 10 = 1$
ですよね。ここでもまだ「ええ、どうして？」なんていう思いが即、頭に浮かぶのは、理数アレルギーですよ。

できるだけシンプルに、
一知半解で考えよう

だって、$\log 10$ って、
「10は 10の何乗？」
ってきいているんですから、1 乗に決まってるじゃないですか！

じゃあ、$\ln 10$ は？　これは、わかりませんよね。

「10は、eの何乗？」

なんてきかれても、答えられません（実はこの答えは、2.30258509……になるのですが。グーグルで「ln10＝」と検索すると、この数が出てきますので試してみてください）。

いずれにせよ、自然対数つまりlnの「底」は、「e」ということになります。というか、「e」のことを、「自然対数の底」と呼びます。「ネイピア数」とも呼びます。

さて、ここまでお話ししたことで、グーグルのビルの名前が「理系的発想」に基づいているものであることは疑う余地もないかと思います。さらには、今日グーグルやそのサービスにまったく触れずに生活している方はほとんどおられませんから、「文系だから関係ない」とも言っていられないとも思いますが、いかがでしょうか。

グーグルが「量子力学」の発想で
成り立っている組織である根拠

この項目も
初回は飛ばしてOK

さて、「オイラーの公式」を構成する要素については、一知半解でつかんでいただけたかと思います。ここからは、「オイラーの公式」そのものについて、もう少し踏み込んでお話しすることで、グーグルと量子力学のつながりの深さを補強しておきたいと思います。

「オイラーの公式」とは、

$$e^{i\pi} = -1$$

だとお話ししてきました。実は、この式のもとになるのは、次の公式です。こちらも、同じく、「オイラーの公式」と呼ばれております。

$$e^{i\theta} = \cos\theta + i\sin\theta$$

θ に π を代入すれば、$\cos\pi = -1$、$\sin\pi = 0$、ですから、最初の「オイラーの公式」が得られます。

なぜ、こちらの式をわざわざ紹介したかというと、何とか「理数トラウマ」を克服しようとされておられる方であっても、あるいは頑張ろうとされておられる方こそ、「e の i π 乗」なんて言われたら、

　「『π 乗』ならわかった気になってもいいけど、『i π 乗』は、ムリです。ちゃんと説明してください」

　というのが「まっとうな思い」であるだろうな、と思うからです。

　あとのほうの「オイラーの公式」は、図で説明するほうがいいと思います。

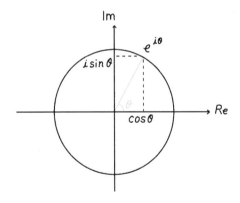

　この図は、複素平面上に描かれた「半径＝１」の円です。

複素平面というのは、縦軸に「虚数」、横軸に「実数」を
表示する平面です。

　「虚数」とは、２乗するとマイナスになる数のこと。iが
そのもとになる数です。2iとか、2.5iとか、3iとかを思
い浮かべればいいでしょう。英語で「imaginary number」
といいます。直訳すれば、「(実際には存在しない) 想像上の
数」ということですね。

　「実数」とは、普通の数です。英語では、「real number」
といいます。直訳すれば、「(実際に存在する) 現実の数」と
いうことですね。

　なぜ、こんな平面でお話しするかというと、「実数と虚数
とを合わせ持った数＝複素数」というものを考えたいからで
す。たとえば、「3＋2i」とか、「5－3i」とかです。
　これらの複素数は、この複素平面上の点として、(3, 2)
と (5, -3) とで表示できます。
　先の図は、「eのiπ乗」というのも実は複素数で、
(cosθ, sinθ)
という点で表されている、というものなのです。

そして、量子力学においては、次の式で定義される指数関数と呼ばれるものが、大きな役割を果たします。

$$e^{ix} = \cos x + i \sin x$$

オイラーの公式について長々とお話してきたのも、グーグルの3つの建屋に「e」「i」「π」という名前が付いていたのも、単に理系というだけでなく、量子力学の存在も匂わせていたということなのです。

その意味ではグーグルは当時から、「クオンタム思考的」な存在であったといえるでしょう。

量子力学❸

数式を使わずに量子力学の世界に入る方法

ここから先しばらくは、
数式はお休みです。
気楽にお進みください

さて、トラウマを克服しようと頑張っている文系の方々も、力尽きかかっているかもしれません。

しかし、本書によって日常感覚を超えた発想を生み出して

いくにあたっては、多くの方が持っているニュートン力学的日常感覚で形成されてきたフレーム・オブ・リファレンスに、**日常感覚を超えた量子の振る舞いを描き出す「量子力学」の分野を加えていただくことの意義は大きい**はずです。

　私自身のフレーム・オブ・リファレンス形成においても、比較的に若い頃に量子力学について触れられたことが、大きな影響を及ぼしていると確信しています。

　私が量子力学に強い興味を持ったのは、高校時代の数学の先生がきっかけです。

　その先生は生徒の自主性を大切にされており、授業内容を理解できた生徒が授業中に、自主的に先の単元を学習することを認めていました。それで私も次々に先を進め、いつの間にやら高校数学の内容が終わろうとしていたとき、その先生がジョージ・ガモフという方の書かれた『不思議の国のトムキンス』（白揚社）という本を勧めてくださったのです。

　もうだいぶ前に読んだので記憶が曖昧で恐縮ですが、この本には量子力学の世界をイラスト入りで解説したページがあり、主人公トムキンスが量子になりきり、同時に2つのドアを通り抜けたり、壁をすり抜けてしまったりなど、まさに不思議な現象が描写されていたように思います。

その本いわく、**そんな不思議な現象こそが、高校の数学や物理を学んだ先にある結論だ**というのですから、これまた不思議な話だと夢中になりました。

　先生は、はっきりはおっしゃいませんでしたが、
　「大学受験となると教科書や問題集の数学や物理の問題を解かざるを得ないけれど、数学や物理学はそんな受験のための学問ではない。その先にある、この宇宙の仕組みみたいなものを解き明かす道具として続いていくんだよ」
　と、不思議で非日常的な現象に巻き込まれるトムキンスを通して、教えてくださったと思っています。

　私は宇宙の謎を直接的に解明する研究者にはならなかったものの、このときの量子力学との出会い・トムキンスの物語との接触が、私のフレーム・オブ・リファレンスの形成に多大な影響を与え、視野を圧倒的に広げたことは間違いありません。
　というわけで、皆さんのフレーム・オブ・リファレンスにも、不思議で、日常感覚を超越していて、しかし私たちが抱える謎を解き明かす鍵となる量子力学をぜひ、追加してもらいたいのです。

量子力学の理解は「一知半解」で

　ただし、量子力学についてせっせと勉強して、完全な理解をしてほしい、と訴えかけているわけではありません。量子力学のその最初の段階である、シュレージンガーの方程式にたどり着くのさえ、偏微分方程式や、線形代数や、フーリエ変換といった高等数学の理解を必要とします。

　理系の人でもなかなかに難しく、ましてや文系の人たちが完全理解を目指すのは無謀の極みともいえるでしょう。

　そんな理由で、本書では、量子力学を「一知半解」で理解するためのガイドとして、量子力学の基礎と、その関連分野についてお話ししているわけです。

　繰り返しになりますが、**理系教科への拒否感の強い方は、まずは「ここは無理」と感じられた箇所を飛ばして読み、クオンタム思考への理解を深めてから改めて全体を読んでいただきたいと考えています。**

　あるいは、より熱心な方は、量子力学に関する書籍を手に取ってみてください。最初は専門的な難しいものではなく、さらっと表面をなぞっている簡単なものが理想です。イラス

トが入っていて、よりイメージを脳に焼き付けやすいものだといいでしょう。

　書籍だけでなく、動画で見てみたり、最新の量子力学に関連した NHK スペシャル、CS 放送のナショナル・ジオグラフィックやディスカヴァリーチャネルの量子力学関連のドキュメンタリー番組といった番組を観るのもいいでしょう。

　これまでアンテナを向けることのなかった方も、量子力学について、ぜひ興味を持って触れていってください。

英語❶
避けて通れない「英語」の話

　次は、英語の話です。ただし、フレーム・オブ・リファレンスに、量子力学同様、英語の分野を拡張せよ、という話ではありません。豊かなフレーム・オブ・リファレンスを築くために、**英語「で」学べ**ということです。

　インターネットの発達によって、最新のニュースにしても、最先端の技術にしても、あるいは SF の最新作にしても、世界中で起こった物事が逐次発信され、即時共有される社会となりました。英語がグローバル言語の地位を獲得してしまったということに関しては、その是非を巡っては賛否あるでし

ょうが、**英語「で」しか得られない情報、英語「で」しか読めない書籍は、数えきれません。**

　日本語に翻訳されて提供されるのを待っていれば、情報を受け取るスピードは勿論、受け取れる情報の質や内容にも偏りが出てしまうのが現実なのです。

　必須の英語の運用能力というのはいまや、英語「を」勉強することだけで得られるレベルにはとどまりません。**英語「で」勉強することによって獲得されるレベルが、求められる基礎能力となってしまった**、ということを強調しておきたいのです。

　日本は明治維新以降、明治時代の先達が備えていた漢学の蓄積のおかげで、欧米先進国の諸学問を迅速に日本語（＝和製漢語）へ翻訳し、後進国でありながら母国語で高等教育が受けられる希有（けう）な国として、少なくともいわゆる団塊（だんかい）の世代までは、その恩恵に浴してきました。

　しかしここに来て、**世界のわずか１％ほどの人間しか使っていない、日本語というローカル言語で高等教育が受けられるというのは、もはや恩恵ではなく、足かせに転じた**ということを率直に認めるべきだと思います。

この事実は、日本に属する大学の国際評価の急速な下落に、顕著に表れていることです。文部科学省も認知していることであり、多方面から対策を講じ始めています。

　その１つが「IB（International Baccalaureate、国際バカロレア）」です。IBについての詳説は、文部科学省のサイトに委ねさせていただくとして、とくに注目すべきは、「DP」と略称されるディプロマ・プログラムの急速な普及方針です。

　これは文部科学省の説明を引用すると「16〜19歳までを対象」としたプログラムで、「所定のカリキュラムを２年間履修し、最終試験を経て所定の成績を収めると、国際的に認められる大学入学資格（国際バカロレア資格）が取得可能なプログラム」となっています。

　プログラムは原則、英語、フランス語またはスペイン語で実施されます。多くの日本の学習者は英語で勉強をすることになるはずです。

英語❷

中学英語で十分

　英語「で」学ぶのに必要な英語力は、語彙は別にして、中学英語が身についていれば十分です。

「その中学英語が身についていないんです！」

という声が聞こえてきそうですね。そういう方にお勧めしたい勉強法があります。

まず、中学校1年生の英語の教科書を手に入れてください。最近の教科書には、教科書をネイティヴ・スピーカーが読み上げているCDが別売されていますので、それも手に入れてください。

皆さんがやるべきことは、**毎日1時間、そのCDを聴きながら同時に、そのネイティヴ・スピーカーの読み上げと声をそろえて、教科書を音読するということだけ**です。「覚えよう」などと考えないで、ひたすら、CDに声をそろえて音読するのです。まるで、お坊さまの声にそろえてお経を唱えるが如くです。

1カ月もすると、その1時間分の英語が、道を歩いているときや電車の中でも、頭の中で「鳴る」ようになってきます。そうなってきたら、次の1時間分に進みましょう。

1年生の分が終わったら、これを、2年、3年の教科書でも続けていきます。

1年ほど続けていけば、中学3年分の英語が、道を歩いているときや電車の中でも「鳴る」ようになってきます。そう

なれば、「中学英語が身についた」証拠ということです。これで、英語「で」学ぶのに必要な英語力が身についたことになるのです。

　ちなみにこのレベルの英語力というのは、語彙力は別として、**海外出張を平然とこなすことのできるレベル**です。

　飛行機を国際線からローカル線に乗り換えたり、滞在先のホテルにチェックインしたり、レストランで注文したり、といった海外出張で要求される英語力は、身についたと言えるのです。

　言い換えると、空港のアナウンスを理解する、滞在先のホテルにチェックインしたり、レストランで注文したり、といった海外出張で要求される英語の表現だけを、出張１週間前くらいに、手っ取り早く仕込みさえすれば、海外出張は、十分こなせるというわけです。

　「何かを英語で学べるレベルの英語を身につけよ」というと難しく感じられる方でも、「道を歩いているときや電車の中でも鳴るようになっている状態になるまで、中学校の教科書の音読を繰り返せ」ということであれば、始められるのではないでしょうか。

ビジネスで大事なセンスはまず「お金」

　いかなる時代においてもお金の存在は切っても切り離せません。**お金のセンス**というものは、時代がいかに動こうとも揺るがない不変の理（ことわり）といえるでしょう。

　そこで、あなたが現在専攻されている学問や仕事の職種を問わず、**財務3表（損益計算書、貸借対照表、キャッシュフロー計算書）の学習**を、強く推したいと思います。

　かくいう私も、理系の大学から理系職に就いた身で、本来はまったくお金のセンスのない人間でした。

　そんな私が、日立電子に入社して最初に学ばされたことが、コンピュータ学ではなく、工業簿記でした。

　「えーっ、理系なのに簿記を知らないとダメなの？」

　と入社直後に仰天したものですが、先輩方に、

　「我々が求めている製品は、一番速いとか一番小さいとかじゃない、一番儲（もう）かるものだ」

　と言われ、合点がいきました。いかに理系、技術職であれども、**利益貢献するための一員になるには、お金、とくに会社のお金に無知であってはならない**のです。

当時の私が簿記の詳しいところまで理解できたかどうかは別として、あの経験は私のフレーム・オブ・リファレンスの拡充に、大きく役立ったことは間違いありません。

　ビジネスにおいて会社のお金のセンスが大切であることを知り、理系の仕事に就いていながら、会社のお金の知識も深めていけたからこそ、その後は営業職に職種を変えたり、また社長職にまでキャリアを積み上げることができました。

　というわけで、会社のお金のセンス＝財務3表を読み取れるセンスは、ぜひとも磨いておきましょう。

　簿記会計の専門家になるわけではありませんので、書店に山ほどある「財務3表を読み取れるようになる本」といった書名の本の中で、繰り返しになりますが「できるだけ薄い、字が大きくって、図が多い」本を、1時間くらいで読んで一知半解することを心がけてください。

`お金❷`

無駄なく学ぶための
「グローバルスタンダード」戦略

　ついでに、このような会計学や簿記概論といった課目たちも、英語「で」勉強したほうが、グローバルな人材を目指し

つつ、ビジネスで重要なお金のセンスを磨くことができるので、一石二鳥にも三鳥にもなります。

　貸借対照表を習うとき、

　「これは BS（Balance Sheet）と呼ばれています」

　と、せっかく英語で教わるのですから、もったいない話なのです。ついでにすべて、英語「で」勉強してしまいましょう。

　そもそも、会計学や簿記概論といった類の課目は、日本語で勉強することが当然のように感じられるかもしれませんが、実際は「漢語を」勉強させられているのです。明治時代に創出された「和製漢語」ではありますが、漢語はすなわち外国語に違いありません。

　同じ外国語を勉強させられるのなら、グローバル人材には必須となってしまった英語「で」勉強するほうが、自然な話というものです。

　しかし、だからといって、「英文会計」のテキストに飛びつくのはお勧めできません。なぜならこの課目は、会計と簿記について和製漢語で十分な知識を得た人が、その習った和製漢語をもとの英語にリンクし直す課目だからです。

　つまり、会計と簿記について基礎から教える親切設計にはなっていないのです。

ですから、会計と簿記を和製漢語で学んでから英文会計へいくといった迂遠なカリキュラムは無視して、初めから英語「で」勉強してしまいましょう。

　実は、すでに和製漢語で勉強することのわかりにくさは気づかれています。この分野でよく例に挙げられるのは、和製漢語で「売上原価」と呼ばれる項目です。

　ビジネスでは、商品を仕入れて売るというのは、最も基本的なことですが、商品は、仕入れるときには複数量を仕入れて、売るときには１つずつ売れるというのが、これも通常です。

　ここで、会計学や簿記概論の初学者が陥りがちな初歩的な誤解は、「売上原価とは、この仕入れた複数量全体の仕入れ価格の合計額だ」と思ってしまうことです。ところが、売上原価のもともとの英語は COGS（Cost Of Goods Sold）、「売れた商品の原価」という意味です。COGS という表現は、「売れ残っている商品については何もいっていないよ」という旨を言い含んでいます。

　ちなみに「売れ残っている商品」については、和製漢語では「棚卸在庫」、英語では Inventory と呼ばれ、資産勘定に残っているという話に展開していきますが、それについて深く言及していくのは、ここでの役目ではありません。

COGS の例に典型的なように、会計と簿記は、英語で勉強したほうが、和製漢語で勉強するよりずっとわかりやすいのです。

前述したように、この事実はすでに気づかれていて、従来の英文会計といった課目の導入ではなく、最初から会計と簿記を英語「で」教えてくれる教科書が、「日本語で」数冊、出版されています。

日本で会計学や簿記概論を教える教育機関が、最初から英語「で」教え始める日の近からんことを祈っています。

お金❸

契約書の理解を面倒くさがってはいけない

簿記や会計といったビジネスにおけるお金の話と、切っても切れない関係にあるのが、**契約書**です。

契約書について勉強するなら「法学概論」になりますが、こちらも簿記や会計に負けず劣らず、難解な和製漢語の宝庫です。

ですから、こちらも、勉強されるのであれば、最初から英語「で」取り組まれることをお勧めします。

こちらの分野で英文会計に相当するお役目を仰せつかっている課目は「英文契約書」です。グローバル時代に備えて、「ビジネス英語ということになると、英文契約書くらい読めるようになりたい」と思い、関連した書籍の類を手に取られて、今まで見たこともない難解な単語に出くわして、当惑する、という経験をされた方もおられることでしょう。

　英文契約書の読み方を勉強されることは、決して無駄ではありませんが、それよりも大切なことは、やはり、法学概論も英語「で」勉強することです。

　会計、簿記、法学概論といった課目は、この社会の基本的な仕組みを理解する上で極めて具体的な内容を含有しています。

　ビジネスのための基礎教養として、ぜひ「英語で」身につけてください。

理系も文系も関係なく、
「未来」はすぐそこまで来ている

　次章では、引き続き「量子力学」について、皆さんにフレーム・オブ・リファレンスを拡張いただくべくお話しをしていきます。

　ここで改めて、本書で説明する物事の理解には、理系も文系も関係がない、ということを断言しておきます。なぜなら、本書で説明する物事は、これまで私がさまざまな方にお話しをしてきた中で、

「最初からそういうふうに説明してくれればよかったのに！」

　と言っていただいたものだからです。そしてまた、**特殊相対性理論くらいまでならば中学生レベルの数学でも説明できる**ものだから、ということでもあります。

　本書では、理数アレルギーの強い皆さんを勇気づけるべく、数式が登場する箇所などは「１回目は飛ばしてもいいよ」としていますが、実際は何のことはない、構えずに読んでいただければ、前から理解していける説明ばかりです。

「数式の流れは追える。だけど、それはどういうこと？」

という方、

「忙しい、けど、手っ取り早く量子コンピュータのポイントだけ知りたい」

　という方も、安心して読み進めてください。

　私がこうまでして、皆さんを理系、そして量子力学の世界に誘っているのには、いくつかの理由があります。

　私たちが今、操作している電子式デジタルコンピュータにおいては、すでに多くのコードが解明され、多くのプログラミングでは、もはやコードすら不必要となってきています。あるいは、AIによって次々に新しいコードが書かれるようになりました。つまり、**今「プログラマー」と呼ばれる人たちは、今後、確実に、量子コンピュータのコードを書かなければいけない**時代が、すぐそこまで迫っているのです。

　そのためには、最低限の量子力学の基礎を知らなければ話にならないでしょう。

　本書で説明することは、その大きな助けとなるはずです。

　もう1つ、プログラマーでない方々でも、今、PCやスマホを使わずに生活している方はほとんどいらっしゃらないものと思います。今は皆さんの生活の中にすっかりコンピュータがなじんでいるといえるでしょう。

PCやスマホを普段から使いこなしている方の多くは、PCにできること・できないこと／スマホにできること・できないことを、なんとなく感覚的につかんで、活用しているものと思います。

　しかし、**量子コンピュータが登場すると、その「できること・できないこと」の基準が、大きく変わる**可能性が高いのです。極端に言えば、皆さんが普段利用しているワードソフトやメールソフト、ウェブページすら、その在り方が変わる可能性があります。

　利用者として、登場した新商品や新サービスを使う側であり続けるならば、その変化に受動的であっても問題はないかもしれません。しかし、**これから先に何か新しい価値を生み出そうとしている人、新しくビジネスを始めようとしている人は、それではとうてい太刀打ちできません。世界の最先端を目指す人であれば、なおさらです。**

　その大きな環境変化に順応する武器となるのが、理系的な発想であり、量子力学までの基礎的な理解なのです。

　世界では、この認識がすでに根付いていることもあり、あるいは日本ほどには文系・理系の垣根がもともとないこともあって、新しい時代への備えが徐々に進んでいます。

その大きな波の中でおぼれてしまわないために、理系の基礎的な理解を深めておいてください。その方法は、本書の全体を一知半解で理解すること。ただそれだけなのです。

　血気盛んな諸君の挑戦をお待ちしています。

第 **4** 章

21世期のビジネスと
テクノロジーの基礎
「量子コンピュータ」

量子コンピュータの原理：
「面白いところ」だけをたどってみよう

　本章においては、あなたのフレーム・オブ・リファレンスに量子力学のコーナーを新設してもらうため、量子力学の入り口として、いくつかの興味深い、なおかつ次の時代に向けて知っておいて損はない話題を紹介します。

　量子力学は、人類史が次の段階へ進むために欠かせない分野です。
　量子力学に関する知識を深めることで、新たにやって来る時代のスタンダードを先取りでき、いくつもの恩恵がもたらされることを、本章を通して予感していただけるはずです。

　なお、量子力学の深いところまでを、ここで紹介する気はございません。ただ、本書の読者の方に、量子力学と量子コンピュータについて「わかった気」になっていただくことを目的にしています。

　この **「わかった気」というのは意外に大切**で、たとえば私たちは目の前のコンピュータが「０」と「１」の二進法で動

いていることを「わかった気」になっています。

　二進法で動いているのはたしかにその通りなのですが、ではなぜ「0」と「1」でコンピュータが動くのか、ということについては、多くの方が実は理解できていないわけです。それでも、「0」と「1」とで動くコンピュータを、日常の感覚をもって扱うことができています。量子力学や量子コンピュータについても、あるいはこれからお話しする特殊相対性理論についても、目指すところは同じです。それらを、**「日常感覚的に」扱っていただきたい**わけです。

　ですから、ごちゃごちゃしていて目を背けたくなる式や、解読困難な用語や解説を並べ立てることはしないのでご安心ください。

　量子力学が、私たちが目で見ている世界に、すでに間接的には、かなり関わってきていて、近い未来、量子力学とその発展形としての量子物理学が世界のすべてに直接的に影響を与えるような時代がやってくるに違いない、といったような文脈で進めて参ります。

マクロの古典力学、ミクロの量子力学

　以前にも申し上げたように、「量子力学」と対をなす言葉として「古典力学」があります。私たちが今、眺めている世界で主に目に見えている現象は、古典力学で説明することができます。しかし世界をより細かくし、原子だとか電子といった素粒子レベルの、ミクロな視点で各現象を覗いてみると、

　「どうやら古典力学だけで決着をつけるのは無理がありそうだ」

　という段階に突入します。この、古典力学では説明することのできない領域を説明してくれるのが、「量子力学」とその発展形としての「量子物理学」ということになります。

　マクロの世界では、古典力学で説明が事足りるくらい、量子現象というものが直接的には登場しないに過ぎません。すなわち**今後とも、日常的な大きな世界では古典力学は通用します。素粒子レベルの細かい世界を見るときに、量子力学とその発展形としての量子物理学の力を借りることになります。**

　古典力学と量子力学の違いについても改めて触れておきましょう。端的に、古典力学は、

　「0の状態と1の状態、それぞれが明確に区別されて存在する」

のに対し、量子力学は、

「0 でもあり 1 でもある、『重ね合わせの状態』が存在する」

という、日常感覚的には理解し難い違いがあります。

ほかに量子には 50 ページで説明したように、「粒子と波の二面性がある」といった特徴もありますが、より複雑で難解な話に突入してしまうので、現段階では深い追求は避けておきましょう。

まずは、**量子というものは、**

「0 と 1 両方の状態をあわせ持つことができるんだ」

ということを、頭ごなしですが、ご理解ください。

量子が私たちの未来に大きく影響を与える今後の最たる技術は、量子コンピュータでしょう。スーパーコンピュータでさえ途方もない計算時間を要するとされていた、あらゆる問題の計算時間を、大幅に短縮してくれる期待が、量子コンピュータに託されています。

すでに生活に密着している

量子力学は、私たちの身近なところにすでにあふれています。

前述のように、化学の授業で習った元素の周期表とか、
「水素と酸素が2対1の割合でくっつくことで水ができる」
といった類の化学反応は、量子力学による電子のふるまい
の解析なしでは、根本的な説明がつきませんでした。

もっと身近なところでいえば、スマートフォンやゲーム機
やPCやDVDなどに使われている半導体（電気をよく通す
金属と電気を通さない木材のような材料の中間にある性質を
持つ物質）も、前述のように量子力学によって編み出された
発明品です。

私たちが普段使っている道具にも、量子力学の理論は忍び
込んでいるわけです。この章のはじめのところで「量子力学
が、私たちが目で見ている世界に、すでに間接的には、かな
り関わってきてい」ると申し上げた理由です。

一見、遠い世界の話と感じられるかもしれない量子力学で
すが、すでに私たちの生活と深く結びついています。

さらにいえば、今後の研究によって、さらに私たちの生活
とより密接な関係を築いていくことは、疑いようがありませ
ん。

いま現在わかっていないことたちの解明に量子力学とその
発展形としての量子物理学が一役買ってくれ、**世界に新たな**

イノベーションを巻き起こしてくれることが期待されています。

　量子力学とその発展形としての量子物理学を主体とした「まさか」なイノベーションがやって来たとき、「聞いてなかった」「知らなかった」と慌てて知識を入れても、時すでに遅し、時代の最先端に乗り遅れてしまった者は、激動の時代をただただ外側から指をくわえて眺めていることとなります。

　ですから私は、改めて、あなたにご提案したいのです。

「量子力学から目を背けることなく、率先して情報をキャッチしていってください」

　と。

　次々に登場する業務用のオンラインツールやアプリの使い方を習得するように、あるいはスマホの新しい機種を徐々に使いこなしていくように、量子力学に対しても、必要に駆られての勉強や知識の仕入れを開始してほしいのです。

人工知能に新たな光を注ぐ
「量子アナログコンピュータ」

2つの量子コンピュータ

量子コンピュータで
「何かが起こる予感」を共有しよう

　まずは量子力学の理解への扉という役目を担い、とくに今後、皆さんが出会う新しいコンピュータである量子コンピュータの話をお伝えしたいと思います。

　この新しいコンピュータの登場によって、現存の電子計算機は、その名称を、「古典計算機（Classcal Computer）」と変更されることになります。量子力学の登場によって、ニュートン力学が、「古典力学」と名称変更されたように。

　今でこそコンピュータは「あって当たり前」のツールですが、その普及によって、私たちの仕事や生活は、それ以前と大きく変わりました。書類や手紙は手書きの必要がなくなり、キーボードで打って印刷すれば済むようになりました。それ

どころか、メールやチャットを使えば、相手に時間差を置くことなくメッセージを届けることが可能となりました。

　手に入れたい情報があったとして、コンピュータ普及以前は自宅や職場や図書館にある書籍や新聞をくまなく漁ったり、あるいはその筋に詳しい方に直接聞くべきところ、今では、インターネットにつながったPCやスマホひとつあれば、どんな情報もたいがい取得できるようになりました。

　このように、コンピュータが私たちの生活やビジネスに与えた影響の事例については枚挙にいとまがなく、本書を手にしている読者の皆さんも、日常生活の中で多く実感されていることと思います。

　量子コンピュータの登場、そして普及によって期待されているのは、これに類似したことや、それ以上のことなのです。つまり、現在、先進国や世界的大企業が莫大な資金を投資して研究開発を推し進めている**量子コンピュータが、私たちの生活とビジネスを大きく塗り替えていく**ということになるでしょう。

　この、**「何か大きな変化が起こる予感の共有」**が、量子コンピュータの理解の第一歩です。

さて、その量子コンピュータは、動作原理によって大きく「量子アニーリング方式」と「量子ゲート方式」の２つに分けられます。

**量子コンピュータには
２種類あることを理解しよう**

　量子アニーリング方式は量子「アナログ」コンピュータ、量子ゲート方式は量子「デジタル」コンピュータに種別され、同じコンピュータでありながら、量子を使ってまったく異なる動きを実現した装置となっています。したがって、量子アナログコンピュータと量子デジタルコンピュータ、双方が解決してくれる問題も異なります。

**「アナログは回路上に等価な現象を
相似的に現出する」**

**電子コンピュータにも
２種類あることを理解しよう**

　ところで、私たちが普段使っているスマホや PC、タブレ

ットといった類のコンピュータは、電子デジタルコンピュータに分類されます。電子デジタルコンピュータを触ったことがない、という人はもう日本にはほとんどいらっしゃらないことでしょう。

　電子デジタルコンピュータが普及する以前のコンピュータは、「アナログコンピュータ」と呼ばれます。
　アナログコンピュータにも厳密には2種類あり、「電子」アナログコンピュータと、「非電子」アナログコンピュータです。
　「非電子」アナログコンピュータは、計算尺やバベジの微分解析機といったものが該当しますが、これらはすでに「歴史的遺物」です。ここでは話題の中心には据えません。

　以下は、量子コンピュータを理解するための前段階として、電子アナログコンピュータについて紹介してまいります。

電子アナログコンピュータは、「何」をしているのか理解しよう

　電子アナログコンピュータとは、「計算したい微分方程式」と「等価な」微分方程式を表現している電子回路を構成し、

その「電子回路の振る舞い」を観測して、計算したかった微分方程式を計算したことにするコンピュータのことです(「等価な」というのは、微分方程式としてはまったく同じ形をしているということです)。

「計算したい微分方程式」とは、経済社会現象や自然科学現象などさまざまな現象の「モデル(模式)」としての微分方程式です。

一例として「ばね振り子」を想像してみてください。
振り子は引っ張った後、手を離すと、上下振動を繰り返しながら次第に振幅が小さくなり、そのうちにもとの位置で静止します。この自然科学現象は、物理学の識見によると、固有の微分方程式に従った現象となることが知られています。
「ばね振り子」の動きを観測することで、固有の微分方程式そのものに取り組まなくてもその動きについて理解することができるというわけです。
つまり、「ばね振り子」に起こっている現象を表す微分方程式は、ばね振り子と呼ばれる自然現象の数式モデルであり、すなわち「計算したい微分方程式」になるわけです。

ここで強調しておきたいことは、電子アナログコンピュー

タとは、「計算したい微分方程式（→先ほどの例でいえば、ばね振り子の自然現象の数式モデルにあたる）」を直接に計算するものではないということです。

　個々の現象ごとのさまざまな微分方程式について、「等価な」微分方程式がモデリングされている電子回路を構成し、その「電子回路の振る舞い」を観測して（→同様に、ばね振り子にの動きを観測して）、計算したかった微分方程式を、**あたかも計算したことにする**、計算機械のことなのです。

初回は読み流して OK。ここでは 電子回路についてお話しします

　電子回路について少しだけ詳しく書いておきますと、電子アナログコンピュータの上には、次のページの図のように、「C_1」「C_2」「I_1」「SC」「P_2」などと呼ばれる電子部品が多数配置されており、それらを「パッチコード」と呼ばれる電線でつなぐことで、電子回路は構成できます。この構成作業のことを、電子アナログコンピュータでは「プログラミング」と呼んでいます。

　電子回路の振る舞いは通常、電圧を観測します。ただし、

この電圧は回路上の制限があり、たとえば、10ボルトを最大値としたなら、計算したい現象の具体的な物理量を、10ボルトで規格化する必要があります。

「10ボルトで規格化する」とは、「この電圧10ボルトを、計算したい現象の具体的な物理量としては、いくらであるかを決める」ということです。

そしてその決め方によっては、計算したい微分方程式の当初の係数が変化することがあり、その結果としてアナログコンピュータ上に構成された電子回路としての等価な微分方程式は、まったく同じ形をしているとはいえ、係数は違っているということが起こります。

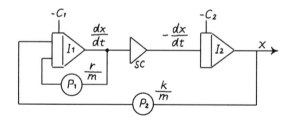

最適解を短時間で求める「量子アニーリング方式」

　このような、等価な微分方程式としての電子回路が構成されたものが、アナログのコンピュータといえます。このコンピュータがなぜ「アナログ」と呼ばれるかといえば、それは観測する物理量（電圧）が「連続量」であるということと、この計算方式が、経済社会現象や自然科学現象などのモデルと等価な、つまり「相似形の」電子回路を用いて計算するということ、この2つに起因しています。

　英語の analog という形容詞には、「連続の」「相似形の」という2つの意味があるからです。

「量子アナログコンピュータ」は
すでに存在している！

　この、相似形の電子回路を用いて計算するという発想は、これからお話ししていく量子アナログコンピュータでも用いられており、これが「量子アニーリング方式による量子アナログコンピュータ」と呼ばれています。

　たとえば、人工知能、とくに近年注目を集めている機械学習が必要とする計算に頻出する操作が、「最適値を求めると

いう操作」です。この、最適値を求めるという操作を実際に計算することなく、「その操作と等価な量子現象を観測することによって最適値を求める」というのが、量子アナログコンピュータになります。

電子アナログコンピュータでは電子回路でモデリングされていたものが、量子アナログコンピュータでは量子現象に代替されたということです。

そしてこの量子現象というのが、「量子アニーリング」です。「量子焼きなまし」とも呼ばれるこの量子現象を使った「量子アニーリング方式」の「量子アナログコンピュータ」は、1998年に東京工業大学教授の西森秀稔教授と、当時大学院生だった門脇正史氏によって提唱されました。

量子アニーリング方式の量子アナログコンピュータの利点は、**最適値を短時間で求められること**です。最適値を求めるという計算を電子デジタルコンピュータで行なうには、膨大な量の計算が必要となりますが、量子アニーリング方式の量子アナログコンピュータは、それらの計算を観測によって置き換えることができるからです。

つまり、「最適値を求めるという操作」が頻出する機械学習の複雑な計算に、量子アニーリング方式の量子アナログコ

ンピュータを使うことによって、量子アニーリング方式を採用した機械学習という形を取ることができることになり、より優れた人工知能の開発が可能となってきたことになります。

　機械学習だけでなく、セールスマンが営業先を最小限のコストで巡回する最適経路を見つけるための「巡回セールスマン問題」や、ナップサックの中身が最大価値になるようアイテムを詰め込む最適な手順を探る「ナップサック問題」など、量子アナログコンピュータは、さまざまな膨大な計算量が必要となる最適化問題の解決に適していると期待されています。

量子アニーリング方式がアナログである根拠

　ここまで見ていただいて、量子コンピュータという最先端のものでありながら、その方法がアナログであることに、違和感を抱いた方もいるかもしれません。

　しかし、量子アニーリング方式の量子コンピュータがアナログである、というのは明らかです。

　再び量子から「古典」の話に戻りますが、かつて「デジタル」ではなく「アナログ」の電子コンピュータがよく使われた理由は、大量の微分方程式を計算しなければならないアプ

リケーションがあったからでした。

たとえばフライトシミュレーション（飛行機の操縦訓練装置）の計算において、当時の電子デジタルコンピュータの計算速度では、フライトシミュレータを動かすのに必要な時間間隔の間に、大量の微分方程式の計算が終了しないという事態が起こっていました。

たとえば、操縦桿（そうじゅうかん）が傾けられてから10分の1秒以内に、その傾きに見合った機体の傾きが計算できていなければ、操縦訓練装置を傾けることができません。そこで、その大量の微分方程式と等価な電子回路を電子アナログコンピュータの上に構成して、その電子回路の現象を観測し、あたかも必要な計算を行なったかのようにして計算結果を求めたのです。それによって、必要な時間内に操縦訓練装置を傾けることができたのです。

同じような恩恵が、量子コンピュータによっても、もたらされます。

機械学習が必要とする計算に頻出する、最適値を求めるという操作の計算速度を、飛躍的に向上させるという目的を達成すべく、その最適値を求めるという操作と等価な量子現象を観測できるのが量子コンピュータなのです。

そしてその事実は、まさしくこの量子アニーリング方式による量子コンピュータが、アナログであることを裏付けているといえます。

　勿論、フライトシミュレータが電子デジタルコンピュータと電子アナログコンピュータのハイブリッドコンピュータであったのと同じように、人工知能の高速化も、電子デジタルコンピュータと量子コンピュータ（量子アナログコンピュータ）とのハイブリッドコンピュータとして、実現されるはずです。

　ハイブリッドコンピュータというのは、主要な計算を行なう電子アナログコンピュータや、量子コンピュータ（量子アナログコンピュータ）と、全体システムの準備や結果の出力といった付属的な役割を担う電子デジタルコンピュータとを組み合わせた、つまり、hybrid（混ぜ合わせた）コンピュータのことです。

実用化が待ち遠しい
「量子デジタルコンピュータ」

量子ビットが織りなす重ね合わせ状態

少し難しいかもしれませんが、
量子デジタルコンピュータの仕組み
を一知半解でたどってみましょう

　量子アニーリング方式に基づく量子アナログコンピュータ
に続いて、もっと大切な量子デジタルコンピュータについて
も、簡潔に解説していきましょう。

　現在のコンピュータの主流である電子デジタルコンピュー
タは、0と1を表す bit（binary digit ＝ 2進数の一桁）を、
電子回路として表現し、操作することによって実現されてい
ます。
　一方の量子デジタルコンピュータは、｜0＞と｜1＞で
表現される q-bit（quantum bit ＝ キュービット、量子ビット）
を、「量子ゲート」と呼ばれる量子回路で操作することによ

158

って、実現されます。

　ここからしばらく、さらに込み入った話になりますので、**あまり難しく考えず、一知半解の要領で、さっと流す程度の気分にとどめ、読み進めていってください。**

　電子式デジタルコンピュータのビットの0と1は、2進数の一桁、つまり、皆さんが日常的に付き合っておられる、普通の数でした。しかし、│0＞と│1＞で表現される量子ビットは、「ケットベクトル」と呼ばれる量子状態を表現するベクトルであって、普通の数ではありません。

　「ベクトル」と聞くだけで、例のトラウマのせいで、頭が真っ白になられる方々は、小学校・中学校の「力の釣り合い」のときに出てきた「矢線ベクトル」を思い出してください。

　「→」で表現されるあれです。

　あの頃は、「向きと大きさ」を持った何かだと、子どもの素直な心でスンナリ受け入れられていたのではないでしょうか？　クオンタム思考とは、生まれながらみんなが備えていた、トラウマに侵されてない「素直な心」を取り戻した思考でもあるのです。

　矢線ベクトルを図でなく、数で表すとなると、2つの数を

使います。

　どうするかというと、X, Y座標の原点（0, 0）に矢線ベクトルの始まりを置くと、その矢線の先端がある場所の点のX, Y座標が（x, y）であるならば、この矢線ベクトルを（x, y）と書き表すことができます。つまり、「ベクトルとは、2つの数を組み合わせた何かだ」ということになるのです。

　｜0＞は（1, 0）、｜1＞は（0, 1）という2次元のベクトルとされています。表記の関係上、横書きの「行ベクトル」で書いてありますが、これらのケットベクトルは通常、縦書きの「列ベクトル」になります。

　｜0＞は $\begin{pmatrix} 1 \\ 0 \end{pmatrix}$、｜1＞は $\begin{pmatrix} 0 \\ 1 \end{pmatrix}$ です。

ベクトル、内積……
ひとまず飛ばしてOK

　この際ついでにいえば、＜0｜と＜1｜というものも定義されていて、「ブラベクトル」と呼ばれています。これらのブラベクトルは通常、横書きの行ベクトルで、＜0｜は（1, 0）、＜1｜は（0, 1）になります。

ブラベクトルとケットベクトルとの間には、内積と呼ばれる演算 $\langle a | \; | b \rangle$ が定義されています。

$$\langle a | = (a_1, \; a_2)$$

$$| b \rangle = \begin{pmatrix} b_1 \\ b_2 \end{pmatrix}$$

だとすると、内積の定義は、

$$\langle a | b \rangle = a_1 \times b_1 + a_2 \times b_2$$

です。真ん中の2本の縦線は、1本にまとめて書きます。この定義によって、計算してみますと、次のようになります。

$$\langle 0 | 0 \rangle = 1 \times 1 + 0 \times 0 = 1$$
$$\langle 0 | 1 \rangle = 1 \times 0 + 0 \times 1 = 0$$
$$\langle 1 | 0 \rangle = 0 \times 1 + 1 \times 0 = 0$$
$$\langle 1 | 1 \rangle = 0 \times 0 + 1 \times 1 = 1$$

　「ブラ」「ケット」という名称は、英語のbracket（かっこ）から生まれました。皆さんが習った英単語は、parenthsis（複数形は parentheses）のほうかもしれませんね。

　こちらは、丸括弧（　）のほうで、＜　＞のほうが、bracket なのです。

　＜を bra（ブラ）と呼び、＞のほうを cket（ケット）と呼んだのは、量子力学の構築に大きな貢献をされたポール・ディラック先生の、

洒落た発案です。

　線形代数の知識をお持ちの方は、慣れ親しんできた「ベクトルの内積」と同じだと納得されると思います。

　つまり、＜0｜と｜1＞、＜1｜と｜0＞がそれぞれ直交しているということも容易に理解できることと思います。

　線形代数をご存知ない方は、「内積の結果が0になるベクトル同士は、直交していると言うんだ」と思うだけでいいです。直交しているというのは、ベクトル同士が、まったく似てないという意味だということです。逆に、内積の結果が1になるベクトル同士は、そっくりだということです。

　さて、ケットベクトルにより表現される量子状態とは、

　α｜0＞＋β｜1＞（αとβは複素数）

と表されます。この式の意味するところは、量子状態とは、｜0＞と｜1＞のどちらともいえない、いわば、｜0＞と｜1＞との「重ね合わせ」状態であるということです。

　つまり、電子回路で表現されている電子デジタルコンピュータの0と1は、確定した数（スカラー）でしたが、量子ゲートと呼ばれる量子回路で操作される量子状態は、αとβ

によって0と1の「割合」が決まる、0と1のどちらともつかない、0と1の重ね合わさった状態なのです。

このあたりも「わかったつもり」で十分、十分！

勿論、
α｜0＞＋β｜1＞
について、
α＝0
ならば、
0｜0＞＋β｜1＞＝β｜1＞、
β＝0
ならば、
α｜0＞＋0｜1＞＝α｜0＞
という状態が確定しているということになります。

ちなみにα｜1＞とβ｜1＞は、大きさは違うけど、状態としては同じとみなし、α｜0＞とβ｜0＞も、大きさは違うけど状態としては同じとみなします。

α＝0かつβ＝0の場合は「状態がない」とみなすとい

うことを付け加えておきますが、興味のある方以外は現段階
では無視してください。

　今、我々が目指している「量子デジタルコンピュータ」に
ついて、ざっと解説していきました。

つまり、「量子コンピュータ」は
想像以上にすごい！

　この仕組みを知るよりも大切なことは、**量子の「重ね合わ
せ状態」を、「量子ゲート」と呼ばれる量子回路で操作する
ことによって、１回の計算であたかも複数の計算を並行して
実行したかのごとく量子並行計算が実現される**ということで
す。
　さらにシンプルに言うならば、**「量子ゲート」という量子
回路の操作によって、我々が想像する以上の膨大な計算が同
時並行でできる**、ということです。

　これこそが、量子デジタルコンピュータの高速性――
「1000億年」かかる処理が「数時間」に短縮できること――
が期待される根拠なのです。

量子コンピュータは
どれほど「すごい」ものなのか？

「1000億年」かかる処理を「数時間」に短縮

**量子デジタルコンピュータの
計算能力を把握しよう**

　ここまで、量子コンピュータの仕組みについて、ごくごく簡単ながら説明してまいりました。終盤は難易度がやや高かったかもしれませんが、それでも、現在のテクノロジーの先に描かれている未来を見ていただけたものと思います。

　そこでここからは、量子デジタルコンピュータが実現されたとしたら、どのくらい「すごい」ものなのかを見てまいりましょう。

**初回は「何だかすごそう」だけでも
十分です**

量子デジタルコンピュータの高速性への期待は、1994年の米国ベル研究所の、ショアによる整数の因数分解のアルゴリズムの発見によって一気に高まりました。

　アルゴリズムとは、後の章で詳説するところですが、「ある目的の状態へ達するための有限回の手続き」と考えてください。電子デジタルコンピュータにもプログラミングという人間が行なう作業があって、それによって作成されるものがプログラムと呼ばれるというのは、聞いたことがあると思います。

　そのプログラムを支えているのもアルゴリズムという考え方で、あるプログラムが目的を達して終了するためには、その根底に「ある目的の状態へ達するための有限回の手続き」、つまり、アルゴリズムがなければならないのです。

　さて、話を「整数の因数分解」に戻しますが、整数の桁数の増加にともなって、計算時間は膨大なものとなります。たとえば1万桁の整数の因数分解には、現在の最も高速な電子デジタルコンピュータを持ってしても、1000億年という現実的ではない時間を要することがわかっています。

　このことが、現在インターネットで使われている公開鍵暗号方式（施錠する際は公開鍵を使い、解錠する際は秘密の鍵が必要となる暗号方式）の安全性を担保しています。つまり、

公開鍵暗号方式を突破するには1000億年くらいかかる膨大な計算が必要なため、破られることはない、というわけです。

ところが、量子デジタルコンピュータで、ショアの整数の因数分解のアルゴリズムを使えば、1万桁の整数の因数分解も数時間で計算可能と想定されています。

ですから、先ほど紹介した公開鍵暗号方式は、もし量子デジタルコンピュータが実現すると数時間で突破されることになり、その安全性が保てない事態に直面することになります。

とは言ってみたものの、もし量子デジタルコンピュータが実現したとしても、心配は要りません。

量子デジタルコンピュータを実現する技術は、公開鍵暗号方式を打開する一方で、量子暗号方式というものも実現する技術となるからです。

要するに、鍵を突破する技術の向上以上に、鍵の技術も向上するはずだから心配はいらない、というわけです。

**これが、「技術が底上げされる」と
いうことです**

さて、こうした技術の基礎理論として、「量子もつれ＝量子エンタングルメント」という量子状態についても紹介したいところですが、その典型として「Bell状態」や「GHZ状態」を解説するためには、まずケットベクトルのテンソル積というのも紹介して……と、本筋ではない説明が雪だるま方式で増えていってしまうため、ここでは控えさせていただきたいと思います。

　興味を持たれた方は、上坂吉則著『量子コンピュータの基礎数理』（コロナ社）など、詳しい説明がされている書籍にぜひ挑戦してみてください。

　挑戦といっても、0と1と虚数単位 i の3つのうち、2つの掛け算を、ある順序にしたがって行なうだけですので、数学だと思わず、単なる記号操作だと思えば、理系科目が不慣れだった方もついていける内容です。

　結果として、**これからの社会に大きな影響をもたらすと目される量子コンピュータの凄まじさを理解できる**のですから、視野を広げるべく、挑戦されることをお勧めします。

グーグルが達成した「量子超越性」

最先端の量子コンピュータの
歩みを理解しよう

　現状のコンピュータでは非現実的な計算時間を要求される計算を、大幅に、それこそ現実的な計算時間に短縮させることが期待されている量子コンピュータは、実用化に向けて着々と研究開発が進められています。

　なかでも IBM やグーグルが量子デジタルコンピュータに力を入れていて、これを書いている現時点での、新しめの話題を挙げておきますと、**2019 年 10 月、グーグルが「量子超越性」を達成したことを発表しました。**

　「量子超越性」とはつまり、量子デジタルコンピュータが、世界最高性能といわれるスーパーコンピュータの計算能力を、上回ったことを意味しています。

　しかも、詳細な報告によれば、量子の並行計算処理によって、スーパーコンピュータが 1 万年かけて解く計算を、わずか 200 秒で解き終えたというのですから、量子デジタルコンピュータの高速性への期待は、ますます高まるばかりでしょう。

まだいくつかの課題を残している量子コンピュータですが、実用化へ向けての支度が整えられつつあることをうかがわせる数々のニュースからは、今後も目が離せません。**量子コンピュータが私たちの生活に当たり前のように普及している未来も、さほど遠い話ではない**と思われます。

　さて、デジタル式とアナログ式、2つの量子コンピュータについて紹介しました。**どちらもそれぞれに得意不得意があり、解決してくれる問題も異なる**ことはぜひおさえておきたいことです。

　量子コンピュータ関連のニュースに耳を傾けることが、あなたのフレーム・オブ・リファレンスをより充実させ、クオンタム思考の成長促進剤となります。

　さらには、次の時代を見通す糧となるので、興味の対象として、引き続きアンテナを高く張っていくことを推奨します。

量子力学で「自己意識」は
定義できるのか

「意識」はどこからやって来る？

量子力学で何ができるのか？
を考えよう

　ここまでは、量子力学の玄関口として、量子コンピュータ
を題材とし、$|0\rangle$状態と$|1\rangle$状態が重なり合うという、
日常感覚に反する量子の振る舞いを記述する量子力学をもと
にして、実現されつつある量子コンピュータの入り口を紹介
しました。

　ここからは、引き続き機械や人工知能の話と関連づけて、
量子力学と「自己意識」の話をしていきます。

　「意識」あるいは「自己意識」などと言うと、「そういう話
は心理学とか哲学とか、あるいは、オカルト雑誌ででもやっ
てくれ」とそっぽを向く方もいるかもしれません。

　しかし、ひと昔前には、それこそ「オカルト」と言われか

ねなかったような「どこにいても他人の居場所を知ることができるシステム」「地球の裏側とでもタイムラグなくビデオ会議ができるシステム」は、次々社会に実装され、日常の一部となっています。

過去に夢物語だと思われてきた技術が次々、実現している今こそ、「これはオカルト」と勝手に線引きするのではなく、柔軟なフレーム・オブ・リファレンスの一環として拡大していただきたいところです。これまで通り、私の推奨する一知半解の姿勢で、どうか気を楽にしてお付き合いください。

前置きが長くなりましたが、ここでお話ししたいのは、**「自己意識と量子の関係」** についてです。

まず、私たちが普段感じている「意識」について考えてみましょう。

「私」というものは大きく２つのモノ、「私の体」と「私の心」が合わさって出来たものです。ここではひとまず、「私の体」のほうだけ注意を向けてみましょう。

今、あなたは何かが見えています。何か音が聞こえています。何か匂っているかもしれませんし、何も格別に匂っていないかもしれません。口の中に、何か味がしているかもしれませんし、何も格別に味がしていないかもしれません。

体のどこかが痛かったり、痒かったり、寒かったり、暑かったりしているかもしれません。これも、匂いや味と同様に、何も格別に感じていることはないかもしれません。少なくとも、体のどこかが、何かに触れている感じはきっとしているでしょう。

　このように、あなたの体の感覚器官は、外界からの刺激を受けることができます。体は、さらに、お腹が空いたとか、喉が渇いたとか、オシッコがしたいといった、体の内側の刺激も受けることができます。

　ただし、体の内側の刺激は、単なる感覚にとどまらず、空いた、とか、乾いた、といった、すでに「意味」が付与されていますね。

　勿論同じように、感覚器官が受けた外界からの刺激も、たとえば音だと、「TVの音だ」とか「鈴虫の声だ」とか、たとえば匂いだと、「夕食のカレーの匂いだ」とか、たとえば味だと、「さっきしゃぶったアメの残りだ」とか、たとえば触だと、「握っているマウスだ」といった、何らかの「意味」がすぐに付与されるわけです。

　さて、それら一連の**感じ方というのは、あなたが「私が」**

というふうに主語で表す、意識主体たる「私」が、やっていることなのでしょうか。それとも、ただ単に「観測している」だけなのでしょうか。

　続いて、「私の心」のほうにも目を向けてみましょう。

　あなたは今、

　「村上は延々と、面白くねーことを書いているけど、この項目は、輪をかけて面白くねーな」

　という感想が、湧き上がってきているかもしれません。それが原因で、少し不機嫌な気分になりかかっているかもしれません。本を一刻も早く閉じたい衝動に駆られているかもしれません。

　逆に、

　「村上は面白いことを言うけど、この項目では、今までと毛色が変わってますます面白そうだな」

　という感想が、湧き上がってきているかもしれません。それが原因で、少し愉快な気分になりかかっているかもしれません。本をさらに先へ先へと読み進めたい意欲に駆られているかもしれません。

　ここで、「私の体」に注目していったときと同じ疑問が生じます。

ここで「私の心」に生じた思いは、あなたが「私が」というふうに主語で表す、意識主体たる「私」がやっていることなのでしょうか。それとも、ただ単に「観測している」だけなのでしょうか。

意識主体の「私」は眺めているだけ

　慶應義塾大学大学院（SDM研究科）の前野隆司教授が提唱する、「受動意識仮説」という説があります。

　受動意識仮説とは、一言でいうと、私たち人間一人ひとりが、「私が」というふうに主語で表す意識主体たる「私」は、私たちが通常そう感じているような「能動的な主体」ではなく、「受動的な何か」でしかないのではないか、という仮説です。

　「私（＝「私の心」）」は、私の「司令塔」ではなく、私（＝「私の体」＋「私の心」）で起こっていることの単なる「観測者」ではないかというのです。

　私が先ほど、「私」がやっていることなのか、それとも、ただ単に「観測している」だけなのか、という問いかけをしたのは、このような仮説によるものでした。

「ちょっと待ってくれよ。そういう事々は、百歩譲って、受動意識仮説の通りとしよう。しかし、もっと能動的なこと、たとえば、指を動かすといったことは、俺の中にいる『私』が、やっていることとしか思えんぞ！」

　という声が聞こえてきそうですね。ところが、実は、それがそうではないのだという実験結果があるのです。

　カリフォルニア大学サンフランシスコ校のリベット教授が行なった実験で、1983 年の論文で発表されたものです。実験の詳細は、例によってググっていただくとして、結果だけ申し上げます。

　脳の中で「指を動かせ」という信号が、指の筋肉に向けて発せられた時刻と、心の中で「指を動かそうと思った」時刻を比べたら、脳の中で「指を動かせ」信号が発せられた時刻の方が、0.2 秒、早かったのです。

　つまり、脳の中で「指を動かせ」信号が発せられたわずかな後に、心の中で「指を動かそうと思った」というわけです。

　言い換えると、残念なことに（でもないか）、「俺の中にいる『私』が、能動的に指を動かそう」と思ったのではなく、脳の中で「指を動かせ」信号が指の筋肉に向けて発せられたのを観測して、慌てて（0.2 秒も遅れているから、そうでも

ないか）「俺の中にいる『私』が、能動的に指を動かそうと
思ったんだ」という理屈になるわけです。

　極論、能動的な自己意識がなくても、私が勝手に動いてい
るということになりますが、ではなぜ、受動的な意識が生ま
れたのでしょうか。このことについても考えておく必要があ
るので、ご説明しましょう。
　量子からだいぶ遠ざかっているように感じられますが、も
うしばらくこの自己意識に関する話にお付き合いください。

自己意識を持った AI のつくり方

　なぜ受動的な意識が生まれたのかというと、前野教授の仮
説では、
　「経験を記憶していく『エピソード記憶』を行なうためには、
エピソードの主語となる主体を必要としたからだ」
　ということになっています。
　これまで説明したように、意識主体たる「私」は、私が勝
手に動いている結果を、ただ単に観測しているのに過ぎない
のに、「私がやったんだ」「私が感じたんだ」「私が思ったんだ」
と思い込んでいるだけなのです。

「私がやったんだ」「私が感じたんだ」「私が思ったんだ」
というエピソードを記憶にとどめるために。

　近年、人工知能、AI の開発に余念がない人類ですが、中
でもとりわけ開発することが困難だといわれているのが、こ
の「意識主体」とか「自己意識」といったものです。
　AI に自己意識を持たせるというのは、どういったプロセ
スによって達成されるのでしょうか。この課題の解決に、受
動意識仮説は大きく寄与すると私は考えています。

　AI の構築は、これまで、AI に自己意識を持たせるための
手法として、「司令塔」づくりを目指して、失敗してきました。
　一方で、受動意識仮説に基づいて AI を構築するなら、さ
まざまな部分機能を果たす要素の集まりをつくり、その個々
の機能要素が出力してくるアウトプットをただ単に観測して
いる、「観測者」をつくればいいということになります。

　それではその「観測者」をどうやってつくるのかになるの
ですが、ここでようやく本題となり、量子力学が大きく関わ
ってくる可能性が示されているのです。

量子力学の
無限で非常識な可能性

「意識とは何か」というテーマから、自己意識というのはどうも「観測者」であるに過ぎないのかもしれない、という仮説をご紹介し、AIに自己意識を持たせるのも、この「観測者」をつくればいいのではないか、というところまでをご説明しました。

それではこの「観測者」の正体について、量子力学の方面から迫っていきましょう。

量子の世界では「 $|0>$ であり、かつ、 $|1>$ である」という重ね合わせ状態が存在し、同時並行的に計算が行なえるということは、量子コンピュータのところで解説しました。

「??」という方は
ここも読み飛ばしてOK！

重ね合わせについては、「シュレージンガーの猫」というたとえ話が有名です。

量子状態の違い、つまり、｜０＞か｜１＞か、によって、｜０＞だったら毒が出る、｜１＞だったら毒が出ないという仕掛けを仕込んだ箱の中に猫がいるとして、開けたときに、中で猫が生きているか死んでいるかは、開けない限り決定していません。

　「観測者」が開けて「中を見た」瞬間に、量子の波束が収束し、量子状態が、｜１＞か｜０＞かのどちらかに決まり、それによって、毒が出るか出ないかも決まり、結局、生きているか、死んでいるかの、どちらかに決まる。

　このように説明する量子力学上の考え方を「コペンハーゲン解釈」と呼んでいます。

　これに対して、「多世界解釈」という考え方もあります。

　たとえば私が箱を開けて、猫が死んでいたとして、その一方で、猫が生き続けている世界もある、ということです。

　たまたま猫が死んでいる世界に「この私」の「この自己意識」があっただけで、猫が生きている別の世界もあるという説明が、多世界解釈になります。

　つまり、猫が生きている別の世界には、「この私」ではない「別の私」の「別の自己意識」があるという説明になります。

この解釈のどちらが正当かは、まだ誰によっても明らかにされていないことなので、ここでも断言することはできませんが、量子の世界が多世界解釈的だとすると、私には、非日常的な量子の振る舞いが、少なからず「わかったような」気持ちになれます。「量子の波束が収束」するという説明が、私にはしっくりこないだけではありますが。

　この世もあり、パラレルワールド（並行世界）もあり、それらが無限に多岐にわたって存在する。これが多世界解釈派の私の考え方です。

　今あなたの意識がそこにあるのは、量子がたとえば｜1＞である宇宙に、自分の自己意識という「観測者」がいるからです。この他には、｜0＞である宇宙があって、そこにももう1つの自己意識は存在するのですが、「そのあなた」の「その自己意識」は、｜0＞の宇宙にあるため、｜1＞の宇宙にある「この自己意識」とは、連絡が取れない。こんな説明になります。

　私たちは、今、この瞬間、同じ宇宙に存在しています。
　ただ、次の瞬間、この宇宙は、この宇宙を構成している量子の総数を n とすると、2の n 乗の宇宙に、分岐していきます。つまり、この瞬間に、この宇宙を構成している n 個

の量子の1つひとつは、│0＞か│1＞に決まっていたとしても、次の瞬間には、その1つひとつが、

α│0＞＋β│1＞

という重ね合わせ状態へと遷移してしまいます。

同じことが、n個の量子すべてに起こります。

もし、量子の総数が、2個だったら、その組み合わせは、以下となります。

α_1│0＞　と　α_2│0＞
α_1│0＞　と　β_2│1＞
β_1│1＞　と　α_2│0＞
β_1│1＞　と　β_2│1＞

ここで、α、βの後ろに付いている番号は、2個の量子に付けた番号と同じです。次の瞬間のそれぞれの量子の、│0＞と│1＞の割合を表しています。

**このあたりも
初回は読み飛ばしてOK！**

実は、このα、βは、オイラーの公式を説明したときに出てきた複素数です。

いずれにせよ、大切なのは、２個の量子は、次の瞬間に４つの、つまり、２の２乗の異なる状態の組み合わせを形作ることになるということです。言い換えると、４つの、つまり、２の２乗の分岐した宇宙内に、宇宙とともに分岐していったということになります。

　もし、この瞬間に、宇宙の存在する量子の数が、ｎ個だとすると、分岐する宇宙の総数は、次の瞬間、２のｎ乗という膨大な数となります。

　この宇宙を構成している量子の総数ｎは、無限に近いわけですから、２のｎ乗も無限とみなしていいことになり、結局、無限の宇宙に分岐していっていて、無限の別の宇宙へと分かれていっています。

　残念ながら、それらお別れした無限個の自己意識とは２度とお会いすることはできません。

　しかも、この無限の宇宙への分岐は、毎瞬間に起こっているのです。

　（量子力学を少し勉強したことのある方のために付け加えますと、以上の分岐に貢献する量子は、相互に量子エンタングルメント状態にあるものは除いて考えなければなりません。）

と、いろいろと申し上げてきましたが、結局のところ、20世紀の初頭に生まれた量子力学を出発点とする、量子物理学は、まだまだ研究途上であり、未開の領域が大部分を占めている現在では、このような私の予想みたいなものを述べることしかできません。

　現段階では、自己意識というのは、ついぞわからない存在ということしか申し上げられないのです。

量子力学と脳科学、
そして未来へ

ノーベル賞受賞者が唱える量子と脳の関係

　この、現段階ではとうてい解明できない自己意識については、学界においても、自己意識の解明に量子力学は欠かせないのではないかという議論が展開されています。

　現状、脳科学者たちが、脳をいかに分析していっても、自己意識を見つけることができていません。AIの最終目標として「観測者」にあたる自己意識をつくりたいのですが、現状は手がかりさえつかめていないのです。

　加えて、
　「自己意識というものは、古典的な物理学ではわからないのではないか」
　と言い始めている人がいます。ここからも、**古典の延長にある、量子、クオンタムの世界こそに、「観測者」の正体が隠されていることが匂わされている**のです。

2020年にブラックホールの研究でノーベル物理学賞を受賞したロジャー・ペンローズは、脳内の情報処理には量子力学が深く関わっているという「量子脳理論」を唱えています。

　この方もまさしく日常感覚を超えた思考力、クオンタム思考の持ち主であると、その著書を手に取るとおわかりいただけるでしょう。

　彼は、

「脳は古典物理学的な現象ではなく、また脳細胞を量子力学レベルで見たら、自己意識を生み出す根拠性を担っている量子力学的な構成律があるはずだ」

　というようなことを訴えているわけです。

　まだこれらは仮説に過ぎない話であり、憶測の域を出ませんが、真偽のほどは量子物理学の研究が進むにつれ、いずれわかってくることでしょう。

**仮説や憶測レベルの話も
多いのです**

　何年先、何十年先になるかわかりませんが、量子物理学によって自己意識の仕組みが明らかにされたとき、それはすな

わち、現状の AI に自己意識を持たせることのできる、大変革の時代へと突入したことを意味します。映画や小説でしか見ることのできなかった、現代の日常感覚では記述のできない世界が、いよいよ現実として形づくられていくのです。

　自己意識を獲得した AI は、スタンリー・キューブリックの SF 映画『2001 年宇宙の旅』に登場した HAL をはじめとして、多くの SF 映画に登場してきている AI やロボットを想起させます。人類が、自己意識を持った AI やロボットの反乱に手を焼くことになる未来も、現実に起こって何ら不思議はないのです。

　そんな「まさか」な時代を、あなたが想像できるかどうか、そしてその時代に向けて、あなたが今から行動を起こせるかどうかは、それこそクオンタム思考の醸成が行なえているかどうかにかかっています。

オカルトも量子が解き明かす？

　量子力学について、自己意識という、理系とは対極にあるような、哲学や心理学に近い観点から、話を進めていきました。

このように、量子力学、さらに、発展を続けている量子物理学、というのは、現時点ではよくわかっていないものについても、答えを与えてくれる期待が託されています。

　世界が、まだまだよくわからないものであふれているのは、古典力学の力だけで解き明かそうとしているためかもしれません。

　よくわからないものの代表格である、多くの脳科学の研究者たちを悩ませている自己意識の理解が、より深まっていったとき、これら古典力学ではよくわからなかったものたちも、晴れてブレークスルーを迎える日が来るかもしれないのです。

　つまりは、パラレルワールドとか、エスパー（超能力者）とか、心霊とか、UFOとか、気功などなど、現代科学では根拠の明かされていない、怪しげなオカルト説も含めて、賛否両論で議論が平行線をたどっている現象たちについても、ひょっとしたら、量子物理学の援用によって、わかってくることがあるかもしれないことも意味しています。

　いよいよオカルトな話へと入ってきているので、そろそろこのテーマに関しては終わりにしますが、最後にまた私見を申し上げると、先に述べた「多世界解釈的に存在がある」ことの証明は、量子コンピュータの完成によってもたらされる

と感じています。

　つまり、無限の宇宙の中で、無限の数のコンピュータが計算することも、理論的には可能かもしれないのです。このことは、限られた数の量子状態を使ってではありますが、限られた数の量子ゲートで実現できれば、ついに実証されるかもしれないのです。

　その事実が私たちの生活をどのように変えていくかは、これもまた、クオンタム思考のみぞ知る、ということになるでしょう。

手っ取り早く量子力学を
理解するためのヒント

　量子物理学についていくつかの書籍や番組に触れていると、「まさかこんなことが」というような、我が目を疑いたくなる記述や説明に多々出くわすことになります。「｜０＞であり｜１＞でもある」重ね合わせ状態が存在することに始まり、摩訶不思議のオンパレードです。

　勿論、そのきっかけとなったのは、古典力学では説明のつかないいくつかの現象に人類が20世紀のはじめ頃に気づき始めたことによります。

　その現象を説明するためにたくさんの天才的物理学者が編み出したのが、量子力学なのです。

　このあたりの歴史的経緯について書かれた本は山ほどありますので、この本では触れませんが、この本が強調したいのは、**そのような天才物理学者の日常感覚にとらわれない発想法こそが、この本が紹介しようと試みている、クオンタム思考だ**ということです。

　このようなことを申し上げていると、前述しているフレー

ム・オブ・リファレンスの構造さえも打ち壊してしまうような連想をしてしまいますが、決してそんなことはありません。

　あくまで「私の感覚」としての話になりますが、量子力学についての知識、そしてそこから派生するクオンタム思考というのは、これまで形成拡張してきたフレーム・オブ・リファレンスの一角を占めるのであって、これまで着実に積み上げてきた古典的な概念たちに、対抗するものではありません。

　本章でお伝えしてきたように、量子の世界は、常識では考えられない非日常感覚的な世界ではあります。しかし同時に、**過去の古典的な思考を完全に否定するものではない**ことを、ここで断っておきましょう。

　であるからこそ、これからを生きていく私たちは、量子力学、量子物理学による脳内のアップグレードによって、フレーム・オブ・リファレンスを豊かに形成することが必須といえるのです。

量子力学もまた、古典物理学の延長上にある

　これまでお話ししてきたように、量子物理学は古典物理学の延長上にあります。物理好きの読者に向けて、このことを、

20世紀初頭の物理学の発展から繙[ひもと]いていきましょう。

　20世紀初頭の物理学の発展ということについて言及するならば、「アインシュタインの相対性理論」に触れないわけにはいきません。

　ご存知の方も多いと思いますが、相対性理論には、特殊相対性理論と、一般相対性理論との2つがあります。

　特殊相対性理論とは、「マイケルソン・モーレーの実験」によって確かめられた「光の速度の不変性」に基づき、時間の流れる速さや、空間の距離といったものが、観測者と時間を測る時計や距離を測る物差しとの速度の差によって相対的になる、というものです。

　日常感覚的には、どんなに高速の飛行機や新幹線に乗っていたとしても、その速度は、光の速度に比べれば大変に遅いということになりますので、時計が遅れるとか、距離が縮まるといったことは感じられません。

　では、まったく無視してもいいのかというとそういうわけにもいきません。

へえスてOK

「中学レベル」なんて書いてますが
初回は読み飛ばしてOKです

　たとえば、皆さんが使っているスマホの位置を決めている
GPSと呼ばれる衛星を使った位置情報の決定には、この特
殊相対性理論に基づく補正がなされております。

　この補正計算の基礎になっている変換式を、「ローレンツ
変換」といいます。下にその式を挙げておきます。

$$t' = \frac{t - \frac{vx}{c^2}}{\sqrt{1 - \frac{v^2}{c^2}}}$$

$$x' = \frac{x - vt}{\sqrt{1 - \frac{v^2}{c^2}}}$$

$$y' = y$$

$$z' = z$$

　微分も積分も出てこない、何の変哲もない中学数学のレベ
ルの式ですよね。cというのが、不変で一定の光速度です。

t、x、y、z というのがあなたと一緒に動いている座標上の時間と位置、t'、x'、y'、z' というのが、あなたと相対的な速度差 v で動いている座標上の時間と位置です。

さて、ニュートンが古典力学を体系化したときに考えていた時空は、「絶対空間」と呼ばれております。

この宇宙全体を通して、1つの時間が流れており、その縦横高さ、つまり、x、y、z の座標もどこかに基準となる原点を置けば、1つの値に決まるという時空間です。

皆さんの日常感覚にピッタリと嵌まる、なぜか、ホッとする説明ですよね。

ただ、新幹線に乗っていて、隣の席の人に、リンゴを手渡ししないで、ポイと近距離とはいえ投げて渡した時、窓の外を飛び去っていった家の窓から覗いていた少年の目には、そのリンゴの動きはどう見えたんでしょうか？

これも答えを知っている人が多いと思います。少年から見ると、リンゴは、新幹線と同じ時速200キロで進行方向に飛びながら、合わせて、座席の間の近距離も飛び越えたように見えるんですよね。ああ、そうだった、そうだった。良かった良かったと、胸をなでおろしましたか。

これも、新幹線上のあなたと、少年の見え方が違っているので、「相対的」といってもいいんじゃないんでしょうか？　いいんです。

　ただ、絶対空間内での座標の原点同士の速度の違いによる相対論は「ガリレイの相対論」と呼ばれており、その変換公式は「ガリレイ変換」と呼ばれております。

　下の式を見ていただいても、光速 c は出てきませんし、時間は変わりませんし、上の説明通りの変換であることが確認できるだけです。

$$t' = t$$
$$x' = x - vt$$
$$y' = y$$
$$z' = z$$

　それこそ、ああ、良かった良かったですが、その日常感覚を打ち破りませんかというのが、クオンタム思考なのだということも忘れないでくださいね。

　さて、量子物理学の最初の段階が、シュレージンガーの方程式だという話をしました。

　この方程式を光に比べても無視できない速度で運動している量子に適用しようとすると、この方程式のままというわけ

にいきません。

　つまり、この方程式をローレンツ変換に対しても不変性（「共変性」ともいいます）を持った形につくり変えなければなりません。その結果として得られたのが、「クライン・ゴルドン方程式」、さらに、「ディラック方程式」と呼ばれるということだけを紹介するにとどめておきます。

　量子物理学は、さらに、場の量子論（第2量子化）という発展を遂げていくことになるということも、前に紹介しましたが、それ以上の内容は、この本が紹介する領域をはるかに超えております。

最新の宇宙物理学もクオンタム思考で読み解ける

　アインシュタインのもう1つの相対性理論である一般相対性理論は、「時空間が曲がっている」という理論です。

　質量の大きい星の近くの空間は曲がっているので、その曲がった空間を直進してくる光も、まるで曲がって来たかのように見えます。それで星の後ろにある別の星が見えることから、一般相対性理論が正しいことがわかっていました。

さらに最近のことですが、一般相対性理論が予測していた「重力波」がついに観測されて、一般相対性理論の正しさがますます確証されているこの頃です。

　「重力波」というのは、空間の曲がりが、あたかも波のように、宇宙空間を伝播してくる現象をいいます。

　ここまで来ると、ニュートンが古典力学を体系化したときに考えていた絶対空間という日常感覚的世界観にしがみついていてはならないということが、ますます、明らかになってきたといえると思います。

　こういう新規の事態が起こることが加速してくるかもしれないという思いを、いつも大切にしてくださいよというのが、クオンタム思考をお勧めしている理由なのです。

　今、量子物理学では、このアインシュタインの「一般相対性理論」との融合を目指して、「超ひも理論」や「量子重力理論」が活発に研究されております。

　自身のフレーム・オブ・リファレンスの一角に、量子物理学のコーナーを新設するということは、これまでの学問から一段、アップグレードした新しい学問を取り入れるということと同義なのです。

このような**脳内のアップグレードは、現在、量子物理学以外の分野によっては成し遂げることが困難**です。

　このことからも、量子力学を一知半解でおさえることの重要性をおわかりいただけることでしょう。

言葉をあえて手放そう

　繰り返しになりますが、大切なことは、**わからないことはわからないこととして受け入れる覚悟**であり、頭の中のフレーム・オブ・リファレンスにもそのように刻印するべきだということです。

　量子物理学は摩訶不思議な話題ばかりなので、平たい言葉で記述することは、とうていできません。よってフレーム・オブ・リファレンスにも、言葉としての参照体系ではなく、イメージとしてしまいこむことが望ましいと思われます。

　これまでに形成してきたフレーム・オブ・リファレンスも、言葉であったり、イメージであったり、もしくは味覚や嗅覚といった五感のいずれかの類だったりなど、多様な姿形の蓄積でできあがっていることでしょうが、言葉が中心になっていることは間違いないはずです。

少なくとも、イメージや五感であったとしても、言葉にすることができる古典的なフレーム・オブ・リファレンスだったことでしょう。

　しかし今回拡張すべき量子物理学の領域は、古典的な思考を飛び越えたものでないと描き取ることができません。あえて**言葉でとらえるのを放棄して、イメージで入れることにチャレンジすることを推奨いたします。**

　そのためにもやはり、イラスト入りのイメージが把握しやすい書籍や、動画などに触れて、一知半解を徹底し、あなたなりの解釈でもって頭の中のフレーム・オブ・リファレンスにしまい込んでいくのが、得策です。

　存在自体が摩訶不思議な量子の世界の話です。**「言葉にしよう」「人に説明できるようにしよう」などというこだわりを持たないことが、わかったような気になるため、そしてフレーム・オブ・リファレンスを拡張するための第一歩**といえるでしょう。

第 **5** 章

「クオンタム思考」で
読み解くビジネスと
テクノロジーの
現在と未来

第4のパラダイム──ビッグデータ は世の中の「何」を変えたのか？

　ここまで、グーグルの天才たちのエピソードから、そんな天才たちに近づくための思考法「クオンタム思考」と、その習得のツールとしての「フレーム・オブ・リファレンス」「量子力学」の話をしてきました。

　ここからは、天才ではないものの「フレーム・オブ・リファレンス」によって「クオンタム思考」の片鱗に触れることができたと自負している私が、ここで読者の皆さんに、羅針盤ともいえる現状の分析と、この先への期待をお話しします。

理論「後追い」のビッグデータ解析

　まず、科学研究法の新しい「パラダイム」についてご紹介します。

　パラダイムとは、科学史家のトーマス・クーンによって1960年代に提唱され始めた科学史上の特別な概念です。

　その定義の曖昧さもあって、いまだに議論の余地の残る概念ではありますが、「科学史上のある時代・時期を代表する

ような科学研究手法の枠組み」といった解釈で、それほど間違ってはいないかと思います。

　以下、その程度の解釈を前提に話を進め、新時代を勝ち抜くヒントを探っていきます。

　IBMやDECといった名門コンピュータ会社に勤めた後、1995年からマイクロソフトの研究所マイクロソフトリサーチで技術フェローの任に就き、1998年にはコンピュータ科学分野のノーベル賞ともいわれるチューリング賞を受賞した、コンピュータ科学者ジェームズ・ニコラス・グレイ（通称、ジム・グレイ）博士は、21世紀の初頭、人類の科学手法が新しいフェーズへ入ったことを示唆する**「第4のパラダイム」**を提唱しました。

　第4のパラダイムということですから、博士は人類のこれまでの科学研究手法として、3つのパラダイムを経てきたと見ています。

　まず第1のパラダイムとは、古代ギリシャの哲学者であり「万学の祖」とも呼ばれるアリストテレスが集大成して以降、中世まで影響を持ったといわれる古典ギリシャ的な自然学のパラダイムです。

わかりやすい典型的な例でいえば、「北極星を中心にして天が回っているように見える」といった「経験記述的な科学手法」によって自然を理解していた、「天動説」に代表されるような時代のパラダイムです。

　第2のパラダイムは、ライプニッツやニュートンが発見・発明した微分積分学に代表される、数学を援用した「理論構築的な科学手法」によって、自然を記述し理解する、「力学」や「天文学」に代表される時代のパラダイムです。

　第1が経験的、第2が理論構築的ときて、第3のパラダイムは「コンピューティングによる科学手法」となります。
　スーパーコンピュータといったハイパフォーマンス・コンピューティングを用いて、数値計算的なシミュレーションで自然現象を解析します。その結果を表や図やグラフ、あるいはもっと可視的な CG で再現した上で、その複雑な自然現象を観察し、理解するというパラダイムになります。

　さて、いよいよ本題、手短に解説した3つのパラダイムに代わる新たなパラダイムとして登場したのが、ジム・グレイ博士が提唱した第4のパラダイムです。それは一言で **「ビッグデータによる科学手法」** と呼んで差し支えないでしょう。

科学分野においてもデータが津波のごとく押し寄せていて、「Data Centric Science（データ中心科学）」、あるいは「e-Science」と呼ばれる新しい科学手法が登場してきているという洞察に基づく提唱です。

　探求の対象としている自然現象に関して、日常的に繰り返される少量のデータから生まれたのが、第1のパラダイムの経験記述的な手法でした。しかし、今回、起こっていることは、**得られるデータ量があまりにも膨大である**という事態です。その結果、**その全体像は、膨大なデータ量に阻まれて、経験的に観察することができません。**

　したがって、理論を前提に置かず、ビッグデータの解析に基づく解釈によって、初めてそこに「理論が浮かび上がってくる」のを追求するという、「理論後追い式」の新しい科学手法のパラダイムが求められているのです。

　私の直感的な言葉を使って簡単にご説明しましたが、これが第4のパラダイム、ビッグデータによる科学手法になります。

パラダイムはつながっている

　誤解してならないのは、パラダイムというものは「科学史上のある時代・時期を代表するような科学研究手法の枠組み」であったとして、ある時代・時期が、次の時代・時期へ移り変わったとしても、前の時代のパラダイムが次の時代にはまったく役に立たなくなる、という類のものではないという点です。

　第1のパラダイムのやり方は、第2のパラダイムの時代においても修正されつつ応用されてきましたし、ましてや第2のパラダイムの理論構築こそが、第3のパラダイムであるコンピューティングの基礎を支えてきたのです。
　そして今まさに、データ中心的な第4のパラダイムを迎えつつあるとしても、第3のパラダイムで培われた、数値計算的なシミュレーションで自然現象を理解する手法が廃れる気配はまったくありません。

　これは学問分野になぞらえることで、より理解が深まるところでしょう。
　たとえば小学校の理科の授業は、経験記述的なところから始まりました。月の満ち欠けや日の出・日の入り、四季の変

化といった自然現象を、経験を通して理解を深めていったと、私は記憶していますし、皆さんもそうだったはずです。

　勿論、地動説の現在ですから、単に観察にとどまらず、「太陽の周りを公転している地球の、その自転の地軸の公転面に対する傾きが、四季をもたらす」といった説明で、納得されたことでしょう。

　そして、中学くらいの理科で初めて、数式を使った論理構築的な理科の授業が展開されていきました。

　ただし、高校の物理に至っても、それら数式が微分積分の結果として得られたものであったとしても、微分積分学を直接的に援用した記述とは、必ずしもなっていなかった様子でした。

　それら論理構築的な手法の真髄は、改めて微分積分学を直接的に援用した古典力学の再導入を筆頭とした解析力学や電磁気学をはじめとする、大学の講義での導入を待たねばならなかったわけです。

　そして、この理論構築的な科学手法の極値として、線形代数や偏微分方程式、フーリエ変換といった数学を使い倒す、量子力学へとたどり着くというわけです。

そのあたりから、解析的な解が得られない問題が登場し始め、第3のパラダイムに該当する数値計算的なシミュレーションを用いるしかない自然現象も、探究の対象として浮かび上がってきます。

解析的な解というのは、方程式を解くといった場合に、式の変形だけで、たどり着ける答えのことです。

そのような式の変形だけでは、答えにたどり着けない、解析的な解が得られない問題に対しては、式の中に登場している変数に具体的な数値を当てはめて、その数値を少しずつ変化させながら、次々と計算を繰り返して現象をあたかも観察しているかのような効果を得ようとするのが、数値計算的なシミュレーションです。

以前、電子アナログコンピュータの説明のところで、「電子デジタルコンピュータでは、必要な計算時間以内に答えが得られない」ということを言いましたが、その時、電子デジタルコンピュータが計算していたのが、数値計算だったのです。

「量子力学がビジネスの基礎教養」の時代へ

つまるところ、これまでのパラダイムが各時代で果たした役割がそうであったように、**第4のパラダイムが今の時代を大きく揺り動かしていくことは疑いようがなく、またそのビッグデータの運用においては、量子力学の助けを大いに借りる必要が出てくる**ということです。

たとえば、それこそ天文学的な数の膨大なビッグデータを扱い計算処理する人工知能には、量子コンピュータの助けを借りないわけにはいきません。

この点からも、量子力学という新しくて難解な分野に関する知識を、個々人の頭の中に収容しておくことは、決して無駄なことではないのです。

現在がいわば絶頂期である、第3のパラダイム、すなわち「コンピューティングによる科学手法」の時代において、コンピュータ機器に頼らず、相変わらずアナログな方式にこだわってきた方々は、社会の最前線で戦うことは許されなくなってしまいました。

このことは、残念ながら、今回のコロナ禍によって強いられた形で始まったテレワーク等によって、誰の目にも明らかとなり、俗にいう「真っ当な社会人」であるには、理解度の

深浅に個人差や環境差はあれど、コンピュータに関する最低限の知識と技術の保持は、当たり前となっています。

　これと同様に、いつの日にか、「社会人たるもの量子力学（あるいはそれに関連したもの）の最低限の知識と技術は持っていて当たり前」という時代が来ることでしょう。なぜなら、第3のパラダイムと同様に、第4のパラダイムがそれを如実に指し示しているからです。

　量子力学への理解を避けることは、未来へ進むことを止めるのと同じであるという認識が、次にやって来る第4のパラダイムの時代を生きる私たちが持っておくべき、当たり前で最低限のことなのであります。

　ここまで話していても、

　「これは理系の人に対して話しているのだろう」

　という間違った解釈をしている方がいるかもしれませんので、断っておきますが、ビッグデータはそもそも、ビジネス分野から始まり広がったのです。

　科学・学問の世界においても、案外、文系の新しい科学手法として、ビッグデータがそのパラダイムをより一層形成するかもしれないという予感を申し述べておきます。

計算機は、やっぱり、
もっぱら、計算しているだけだ！

「計算する」とは「何」をすることか？

　第4のパラダイムについて、概念的なところから着手しましたが、さらに具体的なテーマを通して、

「新しいパラダイムがすぐそこまで迫ってきている（あるいはすでに始動している）！」

という事実を受け止めていただきましょう。

　その具体的なテーマというのは、皆さんが子どもの頃からやってきた「計算」についてです。

　「計算する」という言葉から、あなたはどういう作業を思い浮かべるでしょうか。

　まず、小学校の算数の範疇で、整数や小数や分数を四則演算することをイメージすると思います。まさしくこれこそが、第3のパラダイムでコンピュータにさせている「数値計算」の根幹部分ですので、たかが算数と侮ることはできません。

次に「計算する」というワードで連想されるのは、中学から始まる数学の授業で、「式の変形」を次々と行なっていく計算作業です。式の変形による計算作業によって得られる解を「解析的な解」と呼ぶということは、先程、紹介しました。数値計算の結果として得られる解とは、区別するんでしたよね。

　数値計算の末に得られる解は数値ですが、式の変形の末に得られる解析的な解は、一次方程式や二次方程式のような代数方程式の解としての「数値」の場合や、因数分解や微分積分の結果としての「式」の場合、微分方程式の結果としての「関数（これも「式」で表現されます）」の場合があります。

コンピュータ上での「計算する」とは

　さて、そこで次の話題は、「数値計算」と「式の変形」という２つの異なる「計算」は、コンピュータ上でどのように行なわれているのかということです。

　コンピュータは文字通り「計算機」ですから、計算機にももともと備わっている加減乗除の命令を書き連ねたプログラムを作成すれば、数値計算のほうは実行できそうだと容易に納得できます。とりあえずはそういった解釈でよいとしておき

ましょう。

　式の変形のほうは、「数式処理システム」というものが1960年代に開発され使われてきています。

　インターネットから無料でPCにダウンロードして、誰でも気軽に使える有名な数式処理システムとして「Maxima」があります。因数分解や微分積分の結果としての式や、微分方程式の結果としての関数を得ることができるのは当然のこと、加減乗除の算数的計算式も式の変形として処理し、その計算結果を数値として得ることもできます。

　あるいは、sin（x）やcos（x）といった三角関数のxに数値を代入して、その三角関数の値を数値として得ることも可能です。勿論、sin（x）を微分すれば、cos（x）になるとか、cos（x）を微分すれば、−sin（x）になるとかいった、解析的式の変形もできるというか、こちらが使い方の主流です。

　数学にさほど興味のない方は「何のこっちゃ」という気分かもしれませんが、**式の変形を中心とした難しい計算をする上でたいへん便利なツールだということ**です。

ところで先ほど、パラダイムに関する話の中で、次のように述べました。

　「この理論構築的な科学手法の極値として、線形代数や偏微分方程式、フーリエ変換といった数学を使い倒す、量子力学へとたどり着くというわけです。そのあたりから、解析的な解が得られない問題が登場し始め、第3のパラダイムに該当する数値計算的にシミュレーションを用いるしかない自然現象も、探究の対象として浮かび上がってきます」

　Maxima も、この「解析的な解が得られない問題」という限界を免れることはできません。

　その限界克服のため、量子化学計算や分子シミュレーションといったさまざまな数値計算的手法が、解析的解に替わる近似的な解を得るために開発されてきました。

　なお、「量子化学」というのは、量子力学で得られた識見をもとにして、化学現象を理解しようとする、化学の比較的に新しい分野の名称です。

　これらの内容に深く立ち入ることは控えますが、今回の文脈で触れておかねばならないこととして、次の2つについて言及しておきます。「ab initio calculation」と「semi empirical calculation」と呼ばれる、数値計算への2つの異

なるアプローチです。

ab initio calculation は、「first-principles calculation（第一原理計算）」とも呼ばれ、実験などにおいて得られたデータを、一切用いない計算方針を意味しています。

対する semi empirical calculation は、「半経験的計算」と呼ばれ、実験などで得られたデータを勘案し、「ab initio calculation」の計算コストを削減しようとする計算方針のことです。

後者の計算方針は「データの内化」とも称され、近年は自然科学分野においても、実験や観測から大量に得られるようになってきているデータを上手に活用していこうというアプローチです。

第3のパラダイムのコンピューティングによる科学方法が、第4のパラダイムの「Data Centric Science（データ中心科学）」あるいは「e-Science」と呼ばれるものに発展していく方向性を象徴していることの1つと言えそうです。

AIも実は計算を繰り返しているだけ

第一原理計算においても半経験的計算においても、膨大な数値計算を行なうことになるわけですから、理想としてはス

ーパーコンピュータを使えればそれに越したことはありません。

　しかしスーパーコンピュータを手軽に使えるという環境は、なかなか実現できないのが正直なところです。

　そこでスーパーコンピュータに替わるものとして注目されているのが、従来は画像処理に使われていたGPU（Graphics Processing Unit）を、GPGPU（General Purpose GPU）、つまり汎用GPUとして活用する方法です。

　注目されるきっかけとなったのは、GPUの主力メーカーであるNVIDIA社が、このGPGPUの方向性を強くサポートし、とりわけCUDA（Compute Unified Device Architecture）と呼ばれる、GPGPU向けのC言語による統合ソフトウェア開発環境を提供し始めたことに端を発しています。

　GPGPUの活用は、量子化学計算や分子シミュレーションといったさまざまな数値計算にとどまりません。ディープラーニング（深層学習）の成功によって第3次ブームを迎えている、人工知能の計算にも活用されています。

　つまり、ここが見逃してはならない事実なのですが、**一見すると何かエレガントなアプリケーションに見える人工知能**

（ディープラーニング）においても、結局は膨大な数値計算が行なわれているに過ぎないのです。

　2016年3月に韓国のプロ棋士、李九段に挑戦し4勝1敗という結果を残した人工知能AlphaGoも、その計算を行なっているのは、1202個のCPUに加えて、176基のGPUだったのです。これらコンピュータをぶん回しするような膨大な数値計算が、対局時にリアルタイムで行なわれているわけです。

　もう少しだけ、対局中にディープラーニングが処理していることに目を向けると、ディープラーニングを支えるニューラルネットワークのノード（節）間の重み値を算出するための計算が、次の一手を決めるに先立ってまず行なわれています。

　この重み値というのは過去の棋譜から得られる膨大なデータをもとに算出されるのであり、このプロセスこそディープラーニングと呼ばれる最新の機械学習の学習プロセスそのものです。

　ここにも、分野こそ違え、半経験的計算と呼んでもよい第4のパラダイムとしての、Data Centric Science（データ中

心科学)」あるいは「e-Science」と呼ばれるものに発展していく方向性が、あらわれているといえるのではないでしょうか。

　ちなみに、AlphaGoは、その後も改良が続けられ、現在は、5代目バージョンの、その名も、AlphaZeroといいます。

　計算機は、NVIDIAのGPUに替わって、グーグル独自開発のTPU（Tensor Purocessing Unit）5000台が、使用されています。

　2017年12月に発表され、2時間で将棋、4時間でチェスの最高峰のAIに勝利しました。GPUもTPUも、数値が列をなして並んでいるときに、複数の異なる列同士を、1番目同士、2番目同士、3番目同士、……、n番目同士、……、最後のN番目同士と、同じ番号の数同士を掛け合わせ、それを次々に足していくという、積和計算を効率よく高速に行なえることを目指して設計されております。

　ベクトルの内積のところで紹介したのは、$N = 2$でした。この「$a_1 \times b_1 + a_2 \times b_2$」というのが、積和計算の最も小さな例だったのです。

第4のパラダイムでの「正しい」生き方

　スーパーコンピュータ、人工知能（ディープラーニング）など、次世代を担う有望な計算機たちに登場いただき、少々込み入った話にまで展開してきましたが、結局のところ申し上げたかったのは**「計算機はあくまで計算機である」**ということです。

　蓋を開いて中を覗いてみれば、彼ら次世代の計算機たちが行なっているのは、四則演算や式の変形といった、私たちが学生時代に行なっていた算数や数学の膨大な繰り返しに過ぎないことが見て取れます。

　人工知能やロボットが、あたかも経験則に従い、自ら考え行動しているように見えるかもしれませんが、何のことはない、ただひたすら数値計算を行なっているに過ぎないのです。

　このことは、**ある特定の作業で、人工知能やロボットが、人間よりも優れた作業効率を発揮して見せたとしても、人間たちが、機械に敗北したことを意味していることには当然ならない**ということを、示しています。

　しかし、ビッグデータが内化されていく形での第一原理計算の半経験的計算への発展は、第4のパラダイムの訪れの兆しを示しています。それとともに、私たちが第4のパラダイ

ムの中で、どのような生き方の選択をすればいいのか、その
ヒントを教えてくれているのです。

　計算機はもっぱら計算しているだけですから、その計算プ
ロセスをプロデュースするのは誰かというと、他でもなく私
たち人間であります。
　人工知能を支えているディープラーニングといった手法も、
日々、発展が人間の手によって試み続けられております。機
械に命令を与えるプログラマーという仕事も、第4のパラダ
イムの世界においても活躍できる可能性を、大いに秘めてい
るのです。

IoT が も た ら す
プロシューマー時代とは？

未来を読むカギ、IoT

いわゆる IoT（Internet of Things）が「物のインターネット」とも呼ばれるように、インターネットに接続された物の数がどんどん増加しています。あなたも生活の中で、そう認識する機会は増えていることでしょう。

私自身は、IoT が話題になるだいぶ前、2008 年頃から言及し始めていて、その頃は周りからまったく前向きな反応をいただけず、奇異の目で見られたわけです。

しかし IoT が浸透するや否や、

「どうしてあんな前から、IoT の普及を予言できたのですか」

といろんな方々から、今度は好奇の目で見られたものです。

このような予言者じみた芸当ができたのは、まさしく本書でご説明してきた、クオンタム思考によるものでした。

現在は、IoT に関しては、さまざまな書籍が発行され、雑誌の特集も組まれています。また、インターネットに接続できることを謳い文句にした具体的な製品がいくつも発売され、わざわざここで具体的な説明をしなくとも、すでに十分な知識をお持ちかと思います。知識に自信のない方は、例によって、ググってください。

　ここでは、通常ではあまり触れられない IoT の変わった側面を紹介し、未来を解くヒントとしましょう。

　すなわち、**IoT がプロシューマー（prosumer）時代をもたらす**という視点です。

ドイツとアメリカ、それぞれの国家戦略

　プロシューマーとは「生産消費者」もしくは「生産＝消費者」とでも訳すべきでしょうか。未来学者のアルビン・トフラーが、1980 年の著書『第三の波』で予見した、新しいスタイルの生活者を表す言葉で、生産者（producer）と消費者（consumer）を組み合わせた造語です。「製品の企画・開発・製造にも携わる消費者」という意味だと理解していただいて、話を先に進めましょう。

まずプロシューマーの台頭に一役買ったのが、インターネットであることは疑いの余地はありません。

　IoT の時代に突入し、消費者とメーカーとの距離がより近づくことによって、プロシューマーが経済の中心を築き上げていく時代の到来が、その確度を高くしています。

　その契機とされる大きな動きが、近年ドイツとアメリカで開始されています。

　ドイツの動きは、「インダストリー 4.0」と命名された、官民一体となった国家戦略で、「第 4 次産業革命」と訳されることもあります。

　「レヴォリューション」という言葉が使われていないのになぜそう訳されているのかというと、その後に付された番号 4.0 に由来すると思われます。

　ご存知の通り、これまで人類は 3 度にわたる産業革命を経験してきており、番号を 4.0 と付けると、当然、第 4 次産業革命ということになるという解釈です。

　ちなみに産業革命ですが、第 1 次が産業革命の嚆矢となった、蒸気機関の発明をきっかけとするものです。

　続く第 2 次はその蒸気のエネルギーが電気エネルギーに変

換された電化革命でした。

そして第3次は、コンピュータが大きな役割を果たす情報化革命でした。

インダストリー 4.0 は、一言で「IoT を使いまくる」と表現してもよい計画なので、コンピュータが大きな役割を果たす情報化革命の延長上ではないかと感じられますが、ドイツは「新しい段階だ、新しい産業革命なんだ」と、国を挙げて取り組んでいます。

実は、日本もドイツの打ち出したこの方向性に同調し、2017 年の3月にドイツのハノーバーに、当時の安倍首相、世耕経産大臣が、ドイツのメルケル首相、ドイツの経産大臣と、「日独が手を携えて第4次産業革命を推進する」と謳った、「ハノーバー宣言」に調印しました。

一方のアメリカ勢の IoT 時代への動きは、**「インダストリー・インターネット」**と銘打っています。

内容はドイツのそれとほぼ同じですが、あくまでも第3次産業革命の延長として、コンピュータが大きな役割を果たす、情報化革命の枠内の命名にとどめているところが、独米両国の戦略の微妙な差がうかがえる、象徴のような気がします。

このように**アメリカが、IoT 時代をあくまで情報化革命の
延長上でとらえる理由は、アップル・アマゾン・グーグルに
代表されるシリコンバレーのインターネットの覇者たちが、
デファクトスタンダード（事実上の標準）たるプラットフォー
ムを構築するという戦略で成功を収めてきた先例を、踏襲
したいから**に他ならないと思われます。

　少なくとも、プロシューマー時代を実現する上で大きな役
割を果たすことになるのが、彼らインターネットの覇者たち
であることは間違いないでしょう。

プロシューマー時代へ向けての課題

　インダストリー 4.0 にせよ、インダストリー・インターネッ
トにせよ、それが実現しようとしている新しい様式の「も
のづくり」とは、最終消費者の要求や嗜好を満足に投影した
ものを、競争力のあるコストで製造することに尽きます。

　これまでに何度も試みられた多品種少量生産などという、
生ぬるい製造ではありません。
　**特定最終消費者特注一品生産とでもいうべき製造を、同一
品種大量生産と競争できる製造コストで実現する**というのが、

プロシューマー時代へ向けて課された、克服すべき課題なの
です。

　端的に言えば、製造コストを削減するために、工場は、
IoT につながった機械やロボットが中心の、ほぼ無人の「ス
マート工場」になっていくと思われます。サプライチェーン
をつなぐ物流も、自動走行トラック等による無人化が進むと
思われます。

　サプライチェーンそのものも、最終消費者の要求や嗜好を
満足に投影できるプロセスにならねばなりませんので、いわ
ば、「デマンドチェーン」とでも呼ぶべきものに変貌を遂げ
なければなりません。

　いずれにせよ、スマート工場や物流が、可能な限り、無人
化の方向へ行くことは間違いありません。いわゆる、「ブル
ーカラー」と呼ばれる勤労者の雇用が失われていく傾向を否
定できません。

　「ある特定の作業で、人工知能やロボットが、人間よりも
優れた作業効率を発揮して見せたとしても、人間たちが、機
械に敗北したことを意味していることには当然ならない」と
思いますが、そうも言ってはいられない、理不尽な立場に追
い込まれかねない人たちも現われることを、残念ながら、否
定できません。

これは、ブルーカラーと呼ばれる職種にとどまりません。ホワイトカラーに分類される職種であっても、単純な事務作業、失礼な言い方になって恐縮ですが、伝票を読み取って、PCのスクリーンのある欄に打ち込んでいるような仕事、PCのスクリーンのある欄から別の欄に写し替えるような仕事は、今や、RPA（Robotics Process Automation）と総称される一連のアプリケーションによって、取って代わられていっております。

このように、**第4次産業革命がもたらす社会は、決してバラ色の社会とは限らない**ということも、心しておく必要があります。

この問題の解決策の１つとして、最近話題になってきている「ベーシックインカム」という新しい社会保障制度については、後ほど触れることにして、話を続けます。

先に、プロシューマーとは「製品の企画・開発・製造にも携わる消費者」だと申し上げました。

アルビン・トフラーが予見した新しいライフスタイルが、インダストリー4.0やインダストリー・インターネットの進展の結果として、「携わる」という意味においては間接的な位置にとどまるかもしれませんが、確立されていくことが期

待されているのです。

　この「間接的な位置」というところが、プロシューマー時代をもたらすために大きな役割を果たすことになるのは、シリコンバレーのインターネット覇者たちになるかもしれないと申し上げた根拠になります。

　なぜなら、消費者の真に欲しているものを、製品の企画・開発・製造のプロセスに間接的に結びつけることを実現する上で最も有利な位置にいるのは、すでに消費者にピッタリと寄り添っている彼らに他ならないからです。

　無論、彼らインターネットの覇者にも弱点はあります。製造業としては、彼らといえども限られた経験しか持ち合わせていないという点です。

　この弱点を埋めるという意味合いからも、彼らの自動運転車を足掛かりとした自動車産業への提携・進出を注視する必要があることは、付け加えておかねばなりません。

　自動車産業が製造業として持つ裾野の広さからも、彼らにとっては喉から手が出るほど魅力のある産業分野だといえるからです。

　話題の風呂敷が広がりすぎて「だからといってどうすれば

いいのか」と感じていらっしゃるかもしれませんが、要するにここで申し上げたいことは、**IoT によって新しい産業革命ともいえるほどの大変革が起こりつつあること**と、**それに対する自覚を持っていただきたいということ**なのです。

その上で、自分の将来と今後の進路を、今一度考えてみることは、決して無駄な時間ではないはずです。そのときこそ、クオンタム思考によって、日常感覚を超え出た発想を心がけてみてください。

「ICT」をめぐる２つの教育：
使いこなす、そのものを理解する

ICTが変える教育環境

　クオンタム思考に基づいて繙く新しい時代のヒントとして、ここでは教育面についても触れておきましょう。

　義務教育段階への導入が検討され進みつつある、「ICTを利活用した教育」について、ここでは言及します。ICTとは、言わずもがなのことでありますが、「Information and Communication Technology（＝情報通信技術）」のことです。
　ICTを活用した教育とはつまり、平たくいえば、コンピュータとインターネットを利活用した教育を、小中学校で実施しようというわけです。

　2019年の12月に日本政府は、「GIGAスクール構想」を進めることを決定しました。
　GIGAとは、Global and Innovation Gateway for All のことです。いわば、義務教育の生徒全員にとって、グローバル

と技術革新に至る登竜門となる教育機会を提供しようというのが、「GIGAスクール構想」です。

　具体的には、「2020年度予算を使って、義務教育課程の全ての生徒にPCを配布する。全国の小中学校の全教室に、インターネットにつながったWi-Fi設備を設置する」というものです。

　ここでPCというのは、「アップルのiOS、グーグルのChrome OS、マイクロソフトのWindows OSのどれかがOSとして採用されていればいい」ということだけが指定され、機種の選択は、全国に1万7千ある区（東京都）・市・町・村の各教育委員会に任されました。

　さて、家庭の経済状況を勘案した際、さらに課題となるのは、各家庭のブロードバンド環境の格差でしょうか。後に説明する「反転学習」を成功させるためには、家庭での学習が重要な条件となるからです。

　ICTを利活用した教育を達成するには、生徒に配布されたPCが、家庭からでも十分な帯域を持ったブロードバンドで、インターネットに接続されなければなりません。つまり、**各家庭のブロードバンド環境の格差を放置してはならない**のです。

電気も十分に行き届いていない最貧国では、夜になると街灯の下にノートを広げて、勉強に励む生徒もいるという話を聞いたことがあります。これと同様のことを、日本の経済的に恵まれていない生徒たちに強いてはなりません。

地域（無料）Wi-Fi の提供といったサービスをあわせて整備させていく必要が出てくることでしょうし、経済的に恵まれない家庭の生徒には、携帯電話回線を使ったポケット Wi-Fi を無償で提供するといったことが、実際に動き出している自治体も出ていると見聞きしています。

ICT 利活用が叶える反転学習

さて、PC を配って、Wi-Fi 経由でインターネットにつながりさえすれば、今後の教育はこれで OK というわけではありません。

それは、単なる文房具を配っただけで、教育が始まるのは、その上でのことです。

次段階として整備しなければならないのは、電子教科書です。これは、世に行なわれている電子書籍のような、現行の紙の教科書をそのままにした「紙の教科書の電子読み」では

ダメです。**テキスト・動画・静止画を、縦横無尽に駆使した、本当のｅラーニングを実現できる電子教科書**を目指すべきです。

　ここで、本当のｅラーニングといったのは、**「腑に落ちる」**ラーニング、たとえば、「分数の割り算はひっくり返して掛け算を行なう」と覚えるのではなく、それを納得させることのできるテキスト・動画・静止画を、縦横無尽に駆使した電子書籍としての教科書が望まれるという意味になります。

真の「グローバル人材」を育てるための解決課題

　ここまで私は、日本の教育を、ICT利活用の観点から述べてきていますが、「そんなこと、私に言われても」と戸惑われている方もおられるかもしれません。ここからが本題であり、ニューノーマルに向けた対策のヒントとなりますので、心得てください。

　明治維新以来150年、日本の教育は、欧米先進国に追いつくため、効率よくただひたすら正解を覚え込むことが主眼になってきました。人よりたくさん正解を覚え込んだ生徒が、優秀だ、頭がいい、という評価でした。

しかし現代のいわゆる世界に通用する「グローバル人材」に求められているものは違います。

問題そのものを発見し、その上で、正解があるかどうかもわからない問題の答えを求めて考え抜く人材を育てるという方向に、教育は大きく舵を切らなければいけません。

とすると、「分数の割り算はひっくり返して掛け算を行なう」と覚えさせるのではないとしても、それを納得させることのできるテキスト・動画・静止画を、縦横無尽に駆使した電子教科書を直ちに与えてしまうというのは、「問題そのものを発見し、その上で、正解があるかどうかもわからない問題の答えを求めて考え抜く」という目的に、適っているとはいえません。

つまり、電子教科書は、

「分数の割り算は、どうすればよいと思うか？」

あるいは、

「分数の割り算は、ひっくり返して掛け算するという説があるが、どうしてだと思うか？」

と、「問う」内容で構成されているべきでしょう。

これこそが、「反転学習」の出発点であります。

反転学習（flip teaching、または、flipped classroom）とは、まずこのような課題や問いを生徒に与え、自宅学習で考えさ

せて、その考えた結果を次の授業に持ち寄らせ、発表させて行ないます。たどり着いた答えの多様性や、たとえ同じ答えにたどり着いたとしてもその答えに至る過程の多様性を体験させて、**「答えは1つではないのだ」ということを思い知らせる**のです。

「反転学習」あるいは「アクティヴ・ラーニング」は、そのようにして、多様性の表現、共有、それをめぐる質疑、つまりは、協働学習を実現させることを目標とする、新しい授業形態です。

このような反転学習やアクティヴ・ラーニングが、学校でも家庭でもインターネットにつながったPCを駆使したICT利活用教育によって、2021年の4月から、いよいよ具体化し始めています。

学校の先生方の役割は、これまでの一方的に正解を伝授するといったことではまったくなくなり、教室の対面授業においても、オンライン授業においても、ICTを利活用して、この反転学習やアクティヴ・ラーニングのプロセスのファシリテータ、生徒たち相互の協働学習の旗振り役、導き手という役割に変貌を遂げることになります。

電子教科書も、問いを投げかけるだけでなく、教師用版には、先生方のそのような役割を補助するようなテキスト・動

画・静止画の断片（これを「マイクロステップ教材」といいます）が豊富に用意されているべきだと思います。

このような150年に1回といった教育の大変革では、現場の先生方の負担がどうしても大きくなりがちです。

その負担を少しでも軽減するような配慮が、国全体でなされるべきだと思います。

一方で、小中校生を子や妹弟としてお持ちの皆さんは、先に述べたような新しい教育を受け始めた子どもにどう向き合うべきでしょうか？

どうか、**自分の受けてこられた古色蒼然たる、正解をただひたすら記憶するといった教育の呪縛を解かれて、日常感覚を超えた対応で臨まれることを心がけてください。**その助けとして、クオンタム思考を駆使していただけるはずです。

子どもも大人も今すぐ始めたい
「新時代の教育」とは？

さらに、次に考えなければならないのが、**ICTそのものを理解させる教育**です。

ICT そのものを理解させる教育とは、端的にいうと「コンピュータを理解させる」教育ということです。

　つまり、これまでにもいくつかの角度から言及してきたことですが、「コンピュータは人間がプログラムしてこそ動く」ということを理解させることと等しくなります。

　そのためには、コンピュータの簡単な仕組みを理解させた上で、コンピュータの簡単なプログラミングを学習させて、生徒自身の書いた簡単なプログラムで、コンピュータを動かしてみる体験をさせることです。

　この目的は、生徒たちの、

「コンピュータなんかに負けない」

　もっというと、

「コンピュータが組み込まれた機械（ロボットに代表されるスマートマシン）や人工知能なんかに負けない」

　という意識の醸成に該当します。

　ICT そのものを理解させる教育の目的の１つとして、このような意識を芽生えさせることが重要となってきます。

　以上のように述べてきた教育、ICT 利活用とか反転学習とか「コンピュータなんかに負けないぞ」という気概といったものは、何も子どもたちのためだけのものではなく、**大学生**

や社会人の方々にとっても、欠かせない視点になることと思います。

　たとえば、「分数の割り算はひっくり返して掛け算する」ということの、小学生の算数の範囲だけで、小学生が納得できる説明を考えてみるだけでも、自分のフレーム・オブ・リファレンスに何が欠けているかを知る、絶好の機会になります。

　ご自身が受けてこられた教育が、それこそ、「分数の割り算はひっくり返して掛け算する」ということを納得もしないで、ただ覚えるべき正解として、天下り的に身につけただけだったということに、改めて気付かされて、愕然となさってください。

　身近なところに、前述のような新しい教育を受け始めた小中学生がいる方は、その子どもたちを通して、新しい教育の一端に触れてみてください。

　多くのことに気づかされ、ご自身の新しい課題を発見し、乗り越えるためにやるべきことが、自ずと明らかになってくることでしょう。

　こういった類の取り組みは、社会へ出てもなお、続けていくべき最重要の実践の１つです。それこそが、ご自身のクオンタム思考を育むことにも、きっとつながってきます。

機械の「スマート化」とは 恐れるべきものか?

「機械が人の仕事を奪う」ということが、一時期、大きな話題となりました。

たしかに私たちの周りにもいつの間にか AI 機能を搭載した機器が登場しており、生活を支える新しい基盤になりつつあります。今後数年間、あるいは数十年をかけて、人間たちのしてきた仕事を、AI が順々と代わりに担っていく流れは、否定のできないことだと思います。

今、「今後数年間、あるいは数十年をかけて」と申しましたが、当面の数年間は機械に仕事を奪われずに済む、と楽観視していいというものでもありません。実は、**「機械の進歩によって仕事が奪われる」という事象には、大きく2つの段階がある**からです。

「奪われる労働」：スマート化のステップ1

第1段階は、**「機械の進歩によって、他人に仕事が奪われる」**

段階です。

ICT の発展、中でもインターネットの全地球的規模での急速な普及を無視することはできません。インターネット上で作業可能な仕事や職種については、地球のどこにいようとも就業可能な状況をつくり出してしまいました。

当然ながら、それらの仕事・職種の雇用は、インターネット上の比較的に廉価（れんか）な労働力を求めて、賃金の低い国に向かって急速に流れていきます。

あなたがテレビショッピングで何かを購入しようとして、コールセンターに電話したり、購入した製品の取り扱いや不具合について問い合わせようとして、サポートセンターに電話したとしましょう。そのとき、電話口に出てきたオペレーターが、たとえ流暢（りゅうちょう）な日本語を発していたとしても、日本国内のオフィスから応答しているのかどうかは、定かではありません。

中国北東部の大連（だいれん）のオフィスから応答しているということが、十分考えられる時代となっているのです。

この流れは、新型コロナウイルスのパンデミックを受け、テレワークといったことが常態化しつつある中で、ますます、加速していっております。

テレワークによって、人類が経験しつつあることは、次のようなことです。

①**本社がどこにあるかは**、それほど意味がない。
②オフィスは、**全員が同時に出勤する必要がなくなった**ので、全員分の広さがなくてもよい。
③**オフィスの席も**、誰の席と決める必要がない、というか、**決められない。**
④社員一人ひとりが紙の資料なんか持っていても固定した置き場所がないので、**電子ファイルとしてしか持てない。**（法制上、紙の書類として保管・保存を必要とするものだけ、管理部門が、オフィスの特定の場所に保管すればよい。）
⑤社員は、**好きなところから、好きな時間に、テレワークすればよい。**「好きなところ」は、自宅である必要もない。いつも同じ場所である必要もない。
⑥そうなると、社員の評価と報酬も、**成果主義**、もっというと、**出来高払い制**に移行せざるを得なくなるかもしれない。
⑦**副業**を許す企業も増えてくるので、社員は、副業どころか、**複業**を始めるかもしれない。
⑧複業のいくつかは、いわゆる、「ギグワーク」と呼ばれるものになる可能性がある。ギグワークというと、「短時間にこなせる簡単な作業仕事」といったイメージが付きまと

うが、そうではなく、**「高度の技能＝職人技を、請け負っ**
た仕事ごとに高値で切り売りする」ということが始まると
思われる。勿論、これも、出来高払い。

⑨企業は、以上のような**新しい働き方を支えうる情報システ**
ムを準備して、新しい雇い方に遅れを取ってはならない。
取り合いとなる「高度の技能＝職人技を持った方々」を柔
軟に雇用できなければ、会社の競争力を失うことになりか
ねない。

「奪われる労働」：スマート化のステップ2

第2段階が、**「機械の進歩によって、機械に仕事が奪われる」**
段階です。

AIとロボットの技術が結合した機械を「スマートマシン」
と呼びます。巷でも見かけるようになった自律型のロボット
や、実用化に向けて加速度を増している自動運転車も、スマ
ートマシンの1つになります。インターネットに接続し、い
わゆるIoTを形成し、コンピュータによって制御された機械
です。

AIによる自動運転が普及すれば、タクシーやトラックの

運転手は職を失うでしょうし、AI搭載ロボットのできることが増えていけば、清掃員や警備員や工員といった作業スタッフを、企業が雇用する必要はなくなっていくことでしょう。

　もしかしたら、あなたが従事している仕事に関しても、あなたの業務を代わって担おうとするAIの影がすぐそこまで迫ってきていて、多少なりの危機感を覚えているかもしれません。

　このような事態については、第4次産業革命を紹介したところでも触れました。

　しかしこの「AIに仕事を奪われる」という見方は、「人間が働く」という行為を「一元的」に捉え過ぎている感が否めず、「多元的」に突き詰めていけば、あるいは**「私たち人間は、AIに、仕事を完全に奪取されてしまうわけではない」**という結論へ到達することもできるのです。

「働く」の定義はもう、変わってきている

　哲学者・思想家のハンナ・アーレントは著書『人間の条件』（筑摩書房）の中で、「人間が働く」という行為を次の3つに分けています。

まず１つが「**レイバー**」です。これは、下世話にいえば、食っていくために人間が働く行為を指しています。

　皆さんの多くが、多かれ少なかれ、働いている理由から考えて、このレイバーと呼ぶべき働きに該当します。前に紹介した、単純事務作業を代行するRPA（Robotics Process Automation）が、別名、デジタルレイバーとも呼ばれているのも、言い得て妙かなの感慨を捨てきれません。

　続いて２つ目が「**ワーク**」。こちらはレイバーとは違い、食っていくために必ずしも必要とはされていない、どちらかというと、社会貢献度合いの大きな働きです。

　たとえばスポーツ選手や芸術家や研究者、医者や学校の先生なども、勿論、レイバーとして、つまり食うためにされている仕事であるわけではありますが、どちらかというと、ワークと呼ばれるべき働きの部分が、多分に含まれている職業といえます。

　最後が「**アクション**」です。これは一言で、政治的な活動です。政治家はアクションの代表的な職業ですし、普通の人でも、政治議論したり、投票に行ったり、デモに参加したり、選挙に立候補したり、選挙運動に参加したり、といった働きも、アクションです。

以上、３つの「人間が働く」ことの中で、**AI に奪われる可能性が高いのはどれかというと、間違いなくレイバー、食うためにしなければならない労働です。**

　現在、もっぱらレイバーに従事されている方々は、残念ながらそう遠くない将来、AI テクノロジーの発達によって、解雇を通達される可能性は高いと言わざるを得ません。

　さて、ここでよく勘案していただきたいのは、これら**レイバーに該当する仕事が AI に奪われるであろう未来が、人間にとって本当に悲観すべきことなのかどうか**です。

　レイバーを AI が人間に代わって担うことになっても、私たち人間には残る２つの働き方、ワークとアクションがあります。クリエイティブな仕事に熱中したり、新技術の開発研究に専念したり、資格を有して士業を営んだり、テーブルを囲んで議論しあったり、積極的に政治へ参加したりなど、これら人間的で創造的な作業を AI が真似することは、現状難しいこととされています。

　よしんば、ワークとアクションの分野の働きも、AI に部分的に取って代わられる時代が来たとしても、全てを取って代わられるということは、近い将来ということに限定すれば、当面あり得ないといっていいと思います。

この観点からいえば、近い将来ということであれば、AI
の活躍によって私たち人間は、言葉の通りの「労して働く」
という名の労働（レイバー）をしなくて済むようになるわけ
です。

　今後は「AIのせいで仕事を奪われる」ではなく、**「AIのお
かげで労働から解放される」**というのが、AI時代の正しい
考え方としてみなされていくことでしょう。このように考え
るのが、日常感覚を超えた、クオンタム思考の好例なのです。

「ベーシックインカム」を今こそ議論すべき理由

　ところで、ここで1つの問題が浮上してきます。
　レイバーに該当する仕事をAIが担うことになったら、レ
イバーにもっぱら従事されていた多くの方々の中には、新し
い職、つまり、新しく従事すべきレイバーを、見つけ出せな
い方も出てしまうということです。
　昨日まで、あるレイバーを生業（なりわい）としていた人に、職業訓練
を施したとしても、年齢やその他の条件から、なかなかそう
はうまくいかないことが結構起こるだろうということが、想
像に難くありません。

仕事にこのような大きな変化をもたらす AI ロボットたち
の台頭は、いわば **「これまでの資本主義の終わりの始まり」**、
あるいは、**「資本主義の新しい段階への移行の始まり」** と呼
んでしまっても差し支えないでしょう。

　「働いて、つまり、レイバーに従事することで得たお金で、
生活を成り立たせる」という考えそのものを、根底から覆す
局面が、始まりつつあるのかもしれません。

　そんな新時代の到来を予感させる今日この頃です。クオン
タム思考によって、このような日常感覚を超えた見方ができ
るのです。

　では、AI の発達とともに資本主義の終わり、あるいは、
新しい資本主義の始まりが見え始めたとき、人類はどのよう
な生き方を選べばいいのでしょうか。

　結論から先に申し上げれば、「働かない」という選択肢が
あってもよい世の中が形成されていけばいい話ということに
なります。

　その具体的な施策の1つとして、昨今頻繁に議論されてい
るのが「ベーシックインカム（Basic Income、BI）制度」
です。

　ここでベーシックインカム制度について詳説することは、

話題の本筋から逸れてしまうことになるので避けましょう。詳しく知りたい人は「ググってください」と言うにとどめますが、簡単にいえば、オギャーと生まれた赤ちゃんの銀行口座に、生まれた次の月から、10万円が自動的に振り込まれるということです。勿論、すでに生まれていた人たち全員の銀行口座にも、毎月、10万円が自動的に振り込まれるのです。

　2020年にコロナ禍対策として、1回こっきりでしたが、日本国民全員の銀行口座に、10万円が振り込まれました。あれと同じことが、毎月行なわれると思えばよいでしょう。生活に必要な収入を無条件で得られてしまうというのは、**一見すると常識外れながら、しかしこれからのAI時代においては極めて合理的な仕組み**となってきます。

　ベーシックインカム制度が実現できれば、誰もが働かずに最低限の収入を得られてしまうのですから、AIにレイバー的な仕事を奪われて、生活困難に陥ってしまう人が続出する心配はありません。

　カナダや北欧など、すでに試験的にベーシックインカム制度を導入した地域もあり、これからよりベーシックインカムに関連した仕組みづくりが熟成されていくことでしょう。

　ベーシックインカム制度が実際に施行されるかどうかの議

論はここでは控えるとして、ベーシックインカム制度を筆頭とする、これまでになかったセーフティネットたちの登場によって、レイバーに従事せずに暮らしを成り立たせていくという人生を選択する人が出てくる未来も、十分に考えられることをここでは申し上げておきます。

　人類は、いずれ、レイバー、つまり労働から解放されます。すなわち、レイバーをAIに任せた世界へと突入することが、期待されるわけです。

　引き続き、高収入を求めてせっせとレイバーに従事する人、ワークやアクションに精を出す人、もしくは保証された最低限の収入を頼りに、レイバーに従事せずして、好きなことをして暮らす人が混在していても、何ら不思議ではない世の中ができ上がっていくことになるでしょう。

　「まさか」と訝しむ方もいるかもしれませんが、私はかなり確度の高いことを申し上げていると、この段階で断言しておきます。

　勿論、人類が、そのような新しい段階に進むには、100年、200年といった移行期間を必要とするかもしれません。資本主義が生まれて、現在のような形になるまで、やはり、300年近くかかったわけですから。

終　章

クオンタム思考
で未来を生きる

新しいことは
原則「やる！」

　本書の最後に、クオンタム思考という頼もしい武器を使いこなし、これからの変化の時代を生きていくための心の持ち方についてお話ししてきたいと思います。

日本が世界に後れを取る根本の原因

　日本は何かと、新しい挑戦に対して後ろ向きです。最近になってようやく政府はデジタル化を加速させて、日本の変えるべき古びた慣習に手を入れ始めましたが、世間から見れば「ようやくか」というのが、おおむね共通した印象です。

　日本が新しい挑戦に対して億劫な態度をとるのは、「前例がないからダメ！」という「原則禁止」状態が蔓延（まんえん）しているからでしょう。

　「ICT の世界は、"Dog Year"だ」という人口に膾炙（かいしゃ）した言葉があります。

　Dog Year は、直訳すれば、「犬の年」です。犬の１年は、

人間にすれば 7 年に相当するということから、ICT の 1 年は、他の産業の 7 年に相当する、つまり、それほど ICT は進歩・変化が速いという意味になります。

　そのような ICT の世界で、原則禁止状態で逡巡して時間を浪費していては、世界の趨勢に遅れをとるのは、目に見えていたことなのです。

　しかも、ICT は今や、他の産業への影響が甚大で、ICT の遅れは、影響される他の産業の遅れにも直結してしまうのですから、輪をかけて困った話です。

　日本は、一刻も早く、「新しいことは原則禁止」のような変化に臆病な閉塞状態から、**「新しいことは原則許可」の、俊敏で勇気に満ちた状態へと脱皮しなければなりません。**

　新型コロナウイルスによって「これまで当たり前だったことが、通用しないのが当たり前」となった時代が一気に到来してしまいました。それこそコロナ「禍を持って福となす」ためにも「新しいことは原則許可」を実現しなければなりません。

　これまでの発想がまったく通用しないかもしれない、新時代への対応に追われる私たちにとって、「新しいことは原則

許可」は必要不可欠です。誰も想像したことのないような、クオンタム思考に基づいたとしかいいようのないアイデアも、原則許可で歓迎し、押し進めていく指針が、スタンダードでなければいけません。

そして、そのような環境が整うためには、**クオンタム思考を持ったエネルギー旺盛な若者**と、**彼らに加担し原則許可の状態を与える、クオンタム思考を持った、あるいはクオンタム思考を認めた監督者**、その両者が必要となります。

エネルギーは出した者勝ち

2003年4月から8年近く、グーグルという若い人たちの会社を手伝わせていただいた私ですが、退社後も、**「若い人たちに加担する」**という自分の立ち位置については、逃げも隠れもせずやってきました。

若い人たちには迷惑がられているかもしれませんし、同世代の皆さまには、「若作りしやがって」とお叱りを受けているかもしれませんが、今後も若い人たちを支持していきたいと思っています。

何しろ若者たちは、いつの時代にも、

「『禁止すること』を禁止する！」

　と、心のどこかで叫んでいます。この主張は、いわゆるパラドックスであり、若者たちは、さしずめ「『クレタ人は嘘つきだ』と言うクレタ人」かもしれませんが、この危ういパラドックスを生きることこそ、若者の特権であり、そのエネルギーの源泉の１つとなっています。

　私の言う「若い人たちに加担する」の本意は、「この危ういパラドックスを生きる若者たちを支持する」ことであり、その理由は、「若者のエネルギーの源泉を守りたい」からです。

　そのエネルギーこそが、この国に残された、数少ない希望の１つであるという、打算でもあることは否定しません。しかしながら、そうであろうとなかろうと、いずれにせよ、**未来は若者のものである**ことは間違いないわけです。

　１章でも簡単に触れましたが、グーグルを手伝うことになった当時、最高経営責任者（CEO）だったエリック・シュミットに、次のように言われました。

　「若いグーグルの社員は、優秀で働き者たちばかりだ。仕事は、彼らに任せておけばいい。そこで、我々年寄りの役割は、これまでコンピュータ産業が繰り返してきた過ちと同じ過ちを、彼らが繰り返さないよう、見守ってやることだけだ」

今でも苦笑するのは、エリックは私より10歳も若く、当時まだ40歳代半ばであったということです。「年寄り」とはいえない年齢でした。

　余談になりますが、そのとき、具体的にイメージとして私の頭に浮かんでいたのは、かつて務めていたDECという会社の成功と凋落の物語でした。

　すなわち、技術志向の会社が陥りがちな「Not Invented Here syndrome（NIH症候群）」と「Monkey Trap（猿罠）」です。

　NIH症候群とは、自社（Here）の技術を過信するあまり、他社（Not Here）で生み出された（Invented）技術やアイデアや製品を評価したがらない傾向のことです。

　また「猿罠」とは、猿の手がやっと出し入れできる小さな口の容れ物に餌を入れておき、猿が手を入れて中の餌を握ると手が出せなくなり、猿が捕まるという仕掛けのことです。猿が、握っている餌を手放せば手が抜けて逃げられるのですが、猿はせっかく手に入れた餌を諦めることができず、捕まってしまうのです。

　要するにDECは、成功体験をいつまでも握りしめて離す

ことができず、他社の技術やアイデアを評価できなかったために、凋落の道を必然と歩いたことになります。

　幸いなことに、グーグルではそのような兆しもなく、私のもっぱらの仕事は、日本社会の「新しいことは原則禁止」という慣習と、グーグルの「そんなもん原則許可でしょ」という当然の思いとの折り合いをつけることでした。

「そんなもん原則許可でしょ」でいい

　わかりやすく言えば、グーグルでの私は、あちこちに対して「ご迷惑をおかけして申し訳ありません」と頭を下げる役を務めただけなのです。日本社会の不思議は、それなりの年格好の米国本社副社長兼日本法人代表取締役社長が、わざわざ出向いてきて頭を下げたということで、なんとなく問題が収まるところです。
　そういった、折り合いをつけるための「ささやかな改善」は行なっても、本質的な点で、「そんなもん原則許可でしょ」について、私が妥協という行程を選んだ記憶は皆無です。

　私がこれまでやってきて、さらには、これからも、やり続

けようとしていることは、日本の若い方々の「『禁止すること』を禁止する！」「そんなもん原則許可でしょ！」という当然の想いに加担することです。

　その明確な理由は、日本が、後れを取ることなく本来の力を発揮していくには、**若い方々や気概にあふれた方々に自由にやっていただくのが、最も手っ取り早い道筋だ**と信じているからです。原則許可で、彼らエネルギーに満ち満ちた方々が自由にやっていただければ、日本もまだまだ捨てたもんじゃない、名誉挽回とばかりに大きな成長を成し遂げられるだろうと、信じて疑わぬわけなのです。

　というわけで、ある程度年齢を重ねた者や、エネルギーに満ち満ちた方々を管理する立場の方の役割は、せいぜい、NIH症候群と猿罠に陥らないことを見守るだけです。そして、有名な言葉をもじれば、

　「解り得ぬことには、沈黙しなければならない」。

　沈黙できない老兵がいれば、穏やかならぬ言葉ですが、「さっさと消え去っていただく」のが、日本の未来にとって賢明な処遇でしょう。

　要するにここで私が申し上げたかったのは、クオンタム思考が必須とされるこれからの時代における、生み出す者と見守る者、それぞれのスタンスのことです。

あなたがどちらに該当するかは、心持ちや年齢、環境によってさまざまでしょうが、砕いた表現でまとめると次のようになります。

　まず、**ICT をわからず、かつ、わからなくても仕方ないと思われている偉い立場の方々は、今すぐ、務めている会社や団体を辞めましょう。**とまでは言いませんが、わからないのであれば、**せめて黙っておいて、周囲の邪魔をしないように努めましょう。**

　飛躍的な成長を起こすためには、古典力学の中に閉じこもってしまってはいけません。常識外のことが新たな常識となり得るニューノーマルの時代においては、「前例がない」という事実に構っている暇はありません。
　人類や社会に貢献できること、必要とされることであれば、原則許可でゴーサインを出してしまうことが、あなたの所属する組織やチームがこの先も、末長く生き延びていける唯一の方法になることでしょう。

　一方の、**チャレンジ精神にあふれる方々は、あまり年配の世代と喧嘩することにエネルギーを使わないよう、工夫を凝らしながら、物事に取り組むべきです。**

つまりは折り合いをつけるべきでして、古典に縛られている人たちを批判したり否定したりせず、人類や社会に貢献できること、必要とされることにひたすらエネルギーを注いでください。

　生み出す者と見守る者、それぞれがクオンタム思考の一端を身につけ、人類史が次の段階へ足を踏み入れていることを把握していれば、両者の間で衝突が生まれることもないし、旺盛なエネルギーが無駄に消耗してしまうこともないことでしょう。

　とにかく、新しいことは原則許可。新しいことに果敢にチャレンジしていく風土が定着し、若者たちのエネルギーが無駄なく世の貢献へと転化できるよう、ただ消え去るのみの老兵は願っている次第であります。

「楽しくなけりゃ仕事じゃない」という感覚を持つ

　前述のように、ICT や AI の深化によって、仕事のあり方が変わってきています。その中で大切なことは、「遊び心」を持って仕事に取り組むことでしょう。

グーグル日本で日本語の入力システム（IMS）の開発を担当していた、工藤拓氏と小林弘幸氏は、日本語入力の予測変換機能という優れたシステムを開発しました。

　「日本語」という言語は、英語圏の方々からすると複雑怪奇と見られています。実際、文字数も多く、それぞれの文字の読み方も多様で、組み合わせも独特……PCが普及したばかりの頃は、海外メーカーの日本語入力ソフトを使いづらいと感じていた方も多いのではないでしょうか。

　そのような日本語の予測変換機能開発は、相当にハードな取り組みであったはずです。

　しかし彼らは、その取り組みのかたわら、開発費の一部を使ってなんとも風変りなキーボードを勝手に作成していたことを、私は今でも忘れられません。なんと、キーボードを、楽器の「ドラム」のような形でつくっていたのです。

　この出来事は、エイプリルフールのジョークとしてウェブでも紹介されていますので、興味のある方はぜひググってみてください。

　彼らもクオンタム思考の持ち主で、グーグルのムーブメントに引き寄せられ、仕事を楽しみながら取り組み、その精神

を具現化したものがあのドラム型キーボードであったのだと思います。

　一方で、私のような見守る立場の人間は、「楽しくなけりゃ仕事じゃないっていう環境を惜しげもなく許す」ことが重要な仕事です。彼らのような天才、スーパークリエイターは、管理されるのが一番嫌いなのですから。

　クオンタム思考を意識実践しているにもかかわらず、今している仕事に楽しさを感じることができていないのだとしたら、残念ながらあなたはまだクオンタム思考を完全に手に入れることはできていません。

　クオンタム思考があれば、ムーブメントに飛び乗ることで、あなたは自分の能力を思う存分に発揮し、遊び心を持って楽しく取り組める仕事と出会えているはずなのです。

　このような、「楽しくなけりゃ仕事じゃないっていう環境を惜しげもなく許す」ケースというのは、グーグルに在籍している間、何度も遭遇しました。

　採用基準の１つとして**「自分より優秀ではない人は雇ってはいけない」**というルールを設けているグーグルだからこそ、許された遊び心であり自由である、と思われるでしょうか。

高等数学ができる人は、
人工知能ビジネスに参加しよう

1次・2次・3次の人工知能ブームと
人材の「超」必要性

　さて、本書も終わりが見えてきたところで少し趣向を変えて、やや特別な方々、**数学が人一倍お出来になる方々へ、「人工知能ビジネスに参加されませんか」という、お誘い**をしたく思います。

　人工知能は、現在、第3次ブームを迎えており、しかも、前2回のブームと違い、単発の業務や作業に限定されていたとしても、遂に、実用に供し得る段階を迎えたといえます。

　第1次ブームは、1956年にダートマス大学で開催されたThe Dartmouth Summer Research Project on Artificial Intelligence（人工知能に関するダートマスの夏期研究プロジェクト）が、嚆矢とされます。

　その後、「ダートマス会議（Dartmouth Conference）」と呼ばれることになるこの研究会は、ただ単に計算する機械と

見なされていたデジタルコンピュータの上に、人間の知能が持ち合わせているような知的な操作を担わせるプログラムを構築できるのではないかという発想に基づく、最初の本格的な研究会でした。Artificial Intelligence（人工知能）という今では聴き慣れたこの言葉も、このときに正式に生まれたとされています。

　しかし、その後の人工知能研究は、デジタルコンピュータの上に、知的な操作を担わせるプログラムを構築することが、いかに困難なことであるかを、ひたすら確認するだけといっても過言でない、挫折の歴史でもありました。

　挫折の歴史ではありましたが、そのような真摯な人工知能研究から、いくつかの成果も生まれてきました。身近な例としては、皆さんが、アマゾンのアレクサ、アップルの Siri、グーグルのグーグルアシスタント、マイクロソフトのコルタナ、などで日々体験されている、いわゆるデジタルパーソナルアシスタントサービスの自然言語によるやりとりは、人工知能の一分野である自然言語処理研究のわかりやすい成果であることを、ご存知の方もおられると思います。

　さて、その苦闘の人工知能研究も、ダートマス会議から四半世紀を過ぎた 1980 年代に第 2 次ブームを迎えます。その

世界的なブームのきっかけをつくったのは、日本の当時の通産省の開始した「第5世代コンピュータプロジェクト」でした。

　開発目標とされたアプリケーションは、「エキスパートシステム」と呼ばれる、専門家の知識を集積して、専門家の代わりをデジタルコンピュータにやらせてしまおう、という目標を持ったシステムの開発でした。

　専門家の知識を集積するので「知識ベースシステム」とも呼ばれ、「もし〜だったら、〜する」という「If〜, then〜.」ルールの形で知識を表現するので、「ルールベースシステム」とも呼ばれました。

　しかし、残念ながら「エキスパートシステム」も限定的な利活用にとどまるとともに、その推論機構（複雑な前提条件から、「If〜, then〜.」ルールを駆使して結論を推論する仕組み）を実現する新しいコンピュータを目指した第5世代コンピュータも、試作機の開発には何とか成功しましたが、商品化されることなく、第2次ブームはプロジェクトの終息とともに終焉しました。評価としては、「失敗した」と言われても仕方ありません。

ただし、「失敗した」としても、第2次ブームは、ひたすら言葉を取り扱う傾向がありましたので、自然言語処理研究には大きく貢献し、たとえば、1980年代後半に日本のワープロ専用機は、長足の進歩を遂げることができました。

　さて、今回の第3次ブームは、機械学習、とくにディープラーニング（深層学習）と呼ばれる分野で最近達成されたブレークスルーによって、もたらされました。

　近年、日本の書店のコンピュータ関連書籍のコーナーにも「機械学習」「深層学習」といったワードを題名の一部に持つ本が、次々と並び始めました。手に取られた方はすでにご存知と思いますが、それらは、高等数学の塊のような内容で、第2次ブームのひたすら言葉を取り扱う傾向の対極にあります。

　高等数学の塊ということで、この第3次ブームで最も危惧されているのは、人材不足です。つまり、機械学習や深層学習の研究者に要請される素養としての高等数学のレベルが高すぎるため、一気に増員が望めないことからくる人材不足が、心配されているのです。

**　現在、世界で機械学習や深層学習の研究に従事している研究者の総数は、数千人しかいないともいわれ、世界的な人材**